VOYAGES

DE MONTAIGNE.

TOME PREMIER.

JOURNAL DU VOYAGE

DE

MICHEL DE MONTAIGNE

EN ITALIE,

Par la Suisse & l'Allemagne en 1580 & 1581.

Avec des Notes par M. DE QUERLON.

TOME PREMIER.

A ROME;

Et se trouve à Paris,

Chez LE JAY, Libraire, rue Saint-Jacques, au Grand-Corneille.

———————————

M. DCC. LXXIV.

A MONSIEUR
LE COMTE
DE BUFFON,

Intendant du Jardin du Roi, de l'Académie Françoise, de l'Académie Royale des Sciences, &c., &c.

MONSIEUR,

LE premier Livre qu'on dédia, fut un présent de l'amitié : le second fut un hommage au génie, à la supériorité des connoissances, des lumieres, du goût, &c. Je ne chercherai point le motif qui fit dédier le troisiéme. L'intérêt, la flatterie & la vanité ont tout brouillé depuis long-tems chez les hommes : en calculant autant que Newton, on ne trouveroit pas aisément le minimum ou le maximum du procédé moral le moins compliqué.

Si je vous présentois, Monsieur, quelque bon Ouvrage de Physique, on verroit

d'abord le but de mon offran-
de ; mais dans les Voyages
de Montaigne , il n'y a pas
même un trait d'Histoire
Naturelle. On demandera
donc quel rapport j'ai pû
trouver entre Montaigne &
vous ? Plus que n'en pourront imaginer la plus part
des Auteurs à Dédicaces , entre leurs Patrons & les écrits
dont ils leur font les honneurs.
Il y a dans les hommes de
génie , quelque intervalle que
le genre de leurs facultés fem-
ble mettre entre eux , un point
de contact qui les rapproche.

J'ai cru l'appercevoir entre l'Observateur des esprits, du cœur humain, de lui-même, & le Pline François: il m'est devenu même très - sensible. Rien ne m'a donc paru plus simple que de rapprocher deux noms célèbres, qui seront toujours chers aux Gens de bien, aux vrais Philosophes, aux Curieux de la Nature, à toute la Nation, &c. &c.

Je suis avec le respect le mieux fondé chez les hommes & le plus réel,

MONSIEUR,

Votre très - humble & très-
obéissant serviteur,
QUERLON.

DISCOURS

PRÉLIMINAIRE.

I.

Montaigne, au troisiéme
Livre de ses *Essais*, Chap. IX,
parle de ses voyages, & parti-
culiérement de celui de Rome.
Il rapporte même tout au long
les *Lettres de Bourgeoisie Romaine*
qui lui furent accordées par les
Conservateurs du Peuple Romain (*a*). On savoit donc que

(*a*) On en voit ici la traduction dans

Montaigne avoit voyagé en Suisse, en Allemagne, en Italie, & l'on étoit assez surpris qu'un Observateur de cette trempe, qu'un Ecrivain qui a rempli ses *Essais* de détails domestiques & personnels, n'eût rien écrit de ses voyages : mais comme on n'en voyoit aucunes traces, depuis 180 ans qu'il est mort, on n'y pensoit plus.

M. *Prunis*, Chanoine régulier de Chancelade en Périgord, parcouroit cette Province pour faire des recherches relatives à une Histoire du Périgord qu'il avoit entreprise. Il arrive à l'an-

____

une note du second Tome, page 201.

cien Château de Montaigne (*a*)
possédé par M. le Comte *de Ségur
de la Roquette* (*b*), pour en

(*a*) Ce Château , situé dans la Pa-
roisse de Saint-Michel de Montaigne ,
à 200 ou 300 pas du bourg , à une de-
mi-lieue de la Dordogne , & à deux
lieues de la petite Ville de Sainte-Foi ,
est du Diocèse de Périgueux , & environ à dix lieues de la Ville Episcopa-
le. Il est en bon air , sur un terrein éle-
vé , grand & solidement bâti. Il y a
des tours & des pavillons , avec une
grande & belle cour.

(*b*) M. le Comte de Ségur descend ,
à la sixiéme génération , d'*Eléonor de
Montaigne* , fille unique de l'Auteur *des
Essais.* Eléonor fut mariée deux fois :
elle n'eut point d'enfans du premier
lit , & elle épousa en secondes nôces

visiter les archives, s'il s'y en trouvoit. On lui montre un vieux coffre qui renfermoit des papiers condamnés depuis long-tems à l'oubli; on lui permet d'y fouiller. Il découvre le Manuscrit original des *Voyages de Montaigne*, l'unique probable-

---

Charles, *Vicomte de Gamaches*. Sa fille unique, *Marie de Gamaches*, fut mariée à *Louis de Lur de Saluces*, dit le Baron de Fargues; elle en eut trois filles. La derniere, *Claude-Madelaine de Lur* épousa *Elie-Isaac de Ségur*, dont *Jean de Ségur*, pere d'*Alexandre*, & ayeul de M. le Comte *de la Roquette*, à qui le Château de Montaigne a été dévolu, suivant les dispositions testamentaires du pere d'*Eléonor*.

ment qui exiſte. Il obtient de M. de Ségur la permiſſion de l'emporter pour en faire un mûr examen. Après s'être bien convaincu de la légitimité de ce précieux Poſthume , il fait un voyage à Paris pour s'en aſſûrer encore mieux par le témoignage des gens de Let-tres. Le Manuſcrit eſt examiné par différens Littérateurs , & ſur-tout par M. *Capperonnier* , Garde de la Bibliotheque du Roi : il eſt unanimement re-connu pour l'autographe des Voyages de Montaigne.

Ce Manuſcrit forme un petit Volume *in-folio* de 178 pages. L'écriture & le papier font d'abord incontestablement de la fin du seiziéme siécle. Quant au langage, on ne fauroit s'y méprendre : on y reconnoît la naïveté, la franchife & l'expreffion qui font comme le cachet de Montaigne. Une partie du Manufcrit (un peu plus du tiers) est de la main d'un domestique qui fervoit de Secrétaire à Montaigne , & qui parle toujours de fon maître à la troisiéme perfonne ; mais on voit qu'il écrivòit fous fa dictée , puifqu'on retrouve ici toutes les expreffions de Montaigne, & que même en dictant il lui échappe des égoïfmes qui le décèlent (*a*). Tout le reste du Manuscrit où Montaigne parle directement & à la premiere personne , est écrit de sa propre main (on a vérifié l'écriture); mais , dans cette partie , plus de la moitié de la Relation est en Italien. Au surplus s'il s'élevoit quelques doutes sur l'authenticité du Manuscrit, il est déposé à la Bibliotheque du Roi, pour y recourir au besoin. Ajoutons, pour l'exactitude , qu'il manque au commencement un ou plusieurs feuillets qui paroissent avoir été déchirés.

A ne considérer cet Ecrit

____

(*a*) Tome II. page 42.

posthume de Montaigne que comme un monument historique qui représente l'état de Rome, & d'une grande partie de l'Italie, tel qu'il étoit vers la fin du seizième siécle, il auroit déja son mérite. Mais la façon dont voyoit Montaigne ; mais l'énergie, la vérité, la chaleur que son esprit philosophique & son génie imprimoient à toutes les idées qu'il recevoit ou qu'il produisoit, le rendent encore plus précieux.

Pour pouvoir donner cet Ouvrage au Public, il falloit commencer par le déchiffrer, & en avoir une copie lisible,

Le Chanoine de la Chancelade en avoit fait une ; il avoit
même traduit toute la partie
Italienne ; mais fa copie étoit
très-fautive, il y avoit des omif-
fions dont le fens fouffroit
affez fréquemment, & fa traduction de l'Italien étoit encore
plus défectueufe. On a donc
travaillé d'abord à tranfcrire
le Manufcrit plus exactement,
fans en omettre ni en changer
un feul mot. Cette premiere
opération n'étoit pas fans difficulté , tant par la mauvaife
écriture du domeftique qui tint
la plume jufqu'à Rome , que
par le peu de correction de
Montaigne lui-même , qui ,

dans ſes *Eſſais* ne nous laiſſe
pas ignorer ſa négligence ſur
ce point (*a*). Ce qui rendoit
les deux écritures encore plus
difficiles à lire, c'étoit principalement l'ortographe qui ne peut
être plus biſarre , plus déſor-
donnée & plus diſcordante

(*a*) Montaigne parlant de ſes Lettres miſſives, dit dans ſes *Eſſais*, L. 1.
chap. 39 : ” QUOIQUE je peigne *inſup-*
” *portablement mal*, j'aime mieux écrire
” de ma main que d'y employer un
” autre ”. Et Liv. 2. ch. 17 ”. Les mains
” je les ai ſi gourdes, que je ne ſai pas
” écrire ſeulement pour moi, de façon
” que ce que j'ai barbouillé, j'aime
” mieux le refaire que de me donner la
” peine de le démeſler ”.

qu'elle l'est dans tout le Manuscrit. Il a fallu de la patience & du tems pour vaincre ces difficultés. Ensuite la nouvelle copie a été bien collationée & vérifiée fur l'original ; M. *Capperonnier* lui-méme y a donné les plus grands foins.

Cette copie remife à l'Editeur, il a vu la néceffité d'y joindre des notes, foit pour expliquer les vieux mots qui ne font prefque plus entendus, foit pour éclaircir l'hiftorique, & faire connoître, autant qu'il étoit poffible, les perfonnages dont parle Montaigne ; mais les notes qu'on y a mifes ne font ni prolixes ni trop nom-

breuses. Ce n'eſt pas, comme
on le verra de reſte, que l'on
n'eût pû les multiplier bien
davantage, & même les charger de réflexions; mais en ſe
bornant au pur néceſſaire, on
a voulu s'éloigner de l'excès
de ces commentaires diffus où
l'érudition littéraire, & quelquefois philoſophique, eſt pro-
diguée ſans intérêt pour l'Auteur qu'il s'agit d'entendre ,
ainſi que ſans beaucoup de fruit
pour ceux qui le cherchent, &
ne cherchent point autre choſe. Il ne falloit peut-être pas un
déſintéreſſement médiocre pour
réſiſter à la tentation de ſe livrer
à toutes ſes idées , à ſa verve

même, en commentant un écrit
de Montaigne; & je ne sai si
l'on ne doit pas nous tenir encore plus de compte de tout
ce que nous nous sommes abs-
tenu de faire, que du travail
que nous avons fait. Ce que
du moins nous ne pouvons
taire, ce sont les obligations
que nous avons à M. *Jamet*
le jeune, homme de lettres
fort instruit, de qui nous avons
reçu de grands secours, principalement pour les notes,
dont plusieurs lui appartien-
nent (*a*).

____

(*a*) M. Jamet a dans son cabinet de
bonnes pieces pour servir à l'Histoire

La partie de ce Journal qui devoit coûter le plus de peine, étoit sans doute l'Italien de Montaigne, encore plus diffi-

---

de Montaigne, qui n'ont point été connues du Préſident Bouhier, & qu'il a bien voulu nous communiquer. Elles lui ont été données il y a vingt ans par M. de *Monteſquieu* le fils, & par M. l'Abbé *Bertin*, Conſeiller d'Etat, alors Conſeiller au Parlement de Bordeaux & grand-Vicaire de Périgueux, dans le deſſein que l'on avoit de publier une vie de Montaigne plus exacte & plus ample que celle du Préſident Bouhier, imprimée à Londres. On rempliroit volontiers ce deſſein, ſi l'on pouvoit avoir communication des Lettres de Montaigne que l'on ſait être entre les mains de quelques perſonnes.

cile à lire que le texte François, tant par fa mauvaife ortographe, que parce qu'il eft
rempli de licences, de patois
différens & de gallicifmes (*a*). Il

(*a*) On imagine bien que Montaigne en écrivant dans une langue étrangere, s'étoit auffi peu gêné qu'en écrivant dans la nôtre. » Je confeillois en
» Italie, dit-il, à quelqu'un qui étoit
» en peine de parler Italien, que pour-
» vû qu'il ne cherchât qu'à fe faire
» entendre, fans y vouloir autrement
» exceller, qu'il employât feulement
» les premiers mots qui lui viendroient
» à la bouche, Latins, François, Ef-
» pagnols, ou Gafcons, & qu'en y
» adjoutant la terminaifon Italienne, il
» ne fauldroit jamais à rencontrer quel-
» que idiôme du pays ou Tofcan, ou

n'y avoit gueres qu'un Italien
qui pût bien déchifrer cette
partie , & la mettre en état
d'être entendue. M. *Bartoli* ,
Antiquaire du Roi de Sardai-
gne, & nouvellement élu Af-
focié Etranger de l'Académie
Royale des Infcriptions & Bel-
les-Lettres, fe trouvoit heureu-
fement à Paris pendant qu'on
imprimoit le premier volume;

» Romain, ou Vénitien, ou Piémon-
» tois, ou Napolitain «. *Effais L.* 2.
ch. 12. Cependant Montaigne étant à
Lucques, eut envie d'étudier la langue
Tofcane & de l'apprendre par princi-
pes. » Il y mettoit, dit-il, affez de tems
» & de foins, mais il y faifoit peu de
» progrès «.

il voulut bien se charger de ce travail. Il a donc non‑seulement transcrit de sa main toute cette partie, mais encore il y a joint des notes grammaticales , comme nous en avons faites sur le texte François & même quelques notes historiques : ensorte que tout l'Italien est imprimé d'après sa copie. C'est sur cette même copie & sur les nombreuses corrections qu'il a faites encore à la traduction de M. *Prunis* , que nous avons rédigé la nôtre , sans trop nous asservir à la Lettre , ce qui l'auroit pu rendre ridicule. Si dans le reste du Journal, toutes les expressions

du texte François ont été foi-
gneufement confervées ; fi l'on
a même porté le fcrupule jufqu'à repréfenter l'ortographe
du premier écrivain , & celle
de Montaigne , c'eft pour ne
pas laiffer foupçonner la plus
légere altération, dans l'impreffion de l'ouvrage ; où l'on ne
s'en eft permis en effet aucune.

I I.

LA PERTE d'un ou de plu-
fieurs feuillets qui manquent
au commencement du Manuf-
crit de Montaigne , n'eft fûre-
ment pas confidérable. Car
notre Voyageur parti de fon
Château le 22 Juin 1580 ,

comme il le marque expreffé-
ment à la fin du Journal, s'arrêta quelque tems au fiége de
la Fere, formé par le Maréchal
de Matignon pour la Ligue ,
& commencé vers la fin du
même mois de Juin (*a*). De
plus , le Comte de Gram-
mont (*b*) y ayant été tué ,
il conduifit, avec d'autres amis
de ce Comte , fon corps à Soif-

____

(*a*) Selon Mezerai, le fiége de la
Fere dura fix femaines, & la place ne
fut rendue que le 12 Septembre 1580.

(*b*) Ce Comte de Grammont étoit
le mari de la belle *Corifande*, qui fut
une des maitreffes de Henri IV.

fons (*a*), & le 5 Septembre suivant, il n'étoit qu'à Beaumont-sur-Oyse, d'où il prit la route de la Lorraine. Cependant cette lacune nous laisse ignorer les circonstances de son départ, l'aventure & le nom du Comte blessé [peut-être au même siége de la Fere] que Montaigne envoya visiter par celui de ses freres qui l'accompagnoit (*b*), enfin le nombre

____

(*a*) *Essais* L. 3. ch. 4.

(*b*) Montaigne avoit eu cinq freres : le Capitaine *Saint-Martin* qui fut tué à l'age de 23 ans d'un coup de balle à la paume, *Essais* L. 1. ch. 19; le Sr. d'*Arsac*, possesseur d'une terre en Médoc qui fut ensevelie sous les sables de la

&

& la qualité de tous ses compagnons de voyage. Ceux dont
la suite du Journal nous donne
quelque connoissance, sont,
1°. ce frere de Montaigne, le
sieur de *Mattecoulon*, qui, pendant son séjour à Rome fut
engagé dans un duel dont il
est parlé au deuxiéme Livre
des *Essais*, ch. 37, mais dont

---

mer; le Sr. *de la Brousse*, omis par le
Président Bouhier dans la vie de Montaigne, & indiqué dans les *Essais*, Liv.
2. ch. 5; le S. *de Mattecoulon*, qui fut
du voyage; le S. *de Beauregard* qui s'é-
toit fait Protestant, comme on l'apprend par la Lettre de Montaigne qui
contient la relation de la mort d'Etien-
ne de la Boetie.

il n'est rien dit dans le Journal ; 2°. M. *d'Eſtiſſac*, probablement fils de la Dame d'Eſtiſſac,
à qui dans le même Livre des
Eſſais eſt adreſſé le chapitre
VIII *de l'affeﬔion des peres aux
enfans* : [c'étoit ſûrement un
jeune homme , puiſque le Pape , dans l'audience à laquelle il
fut admis , *l'admoneſta à l'étude &*
à la vertu (*a*)] ; 3°. M. *de Caſelis*
qui quitta la compagnie à Pa-
doue (*b*) ; 4°. M. *du Hautoy* ,
Gentilhomme Lorrain , qui
paroît avoir fait tout le voya-

(*a*) Tome II. p. 95.

(*b*) Tome II. p. 11.

ge avee Montaigne (*a*). On voit
que ce voyage se fit , tantôt
par les voitures de louage usi-
tées alors , mais qui servoient
plus à porter les bagages que
les hommes , tantôt & le plus
souvent à cheval , comme on
voyageoit dans ce temps-là ,
& comme c'étoit particuliére-
ment le goût de Montaigne ,
qui n'étoit , dit-il , jamais mieux
que *le cul sur la selle* (*b*).

(*a*) M. le Comte du Hautoy qui vit
actuellement en Lorraine , est de cette
famille.

(*b*) » Je me tiens à cheval sans dé-
» monter , tout choliqueux que je suis
» & sans m'y ennuyer , huit à dix heu-

Montaigne né vif, plein de feu, bouillant, n'étoit rien moins qu'un contemplatif sédentaire, comme pourroient se le figurer ceux qui le voyent seulement dans sa *Librairie*, occupé à composer ses *Essais*. Sa Jeunesse avoit été fort exercée. Les troubles & les mouvemens dont il fut témoin sous cinq regnes qu'il avoit vu se succéder, avant celui de Henri IV, n'avoient pas dû ralentir en lui cette activité, cette inquiétude d'esprit [qui produit la curiosité], puisqu'ils l'imprimoient

---

» res, *vires ultrà fortemque senectæ* ». Essais, L. 3. ch. 9.

même aux têtes les plus froides. Il avoit voyagé dans le Royaume, & ce qui vaut souvent mieux que les voyages, il connoissoit très-bien Paris & la Cour. Sa tendresse pour la Capitale s'épanche dans le troisiéme Livre des *Essais*, chapitre 9. Jacques-Auguste de Thou, dans les Mémoires particuliers de sa vie, [*de vità suâ Lib. 3.*], rapporte que Montaigne faisoit également sa cour au trop fameux Duc de Guise, *Henri de Lorraine*, & au Roi de Navarre, depuis Henri IV, Roi de France. Il ajoute qu'il étoit aux Etats de Blois quand le Duc de Guise y fut assassiné en 1588.

Montaigne prévit, dit le même, que les troubles de l'Etat
ne pourroient finir que par la
mort du Duc de Guise ou celle
du Roi de Navarre. Il avoit si
bien démêlé les dispositions de
ces Princes, qu'il disoit à de
Thou, son ami, que le Roi
de Navarre étoit tout près de
revenir à la Religion de ses
Peres, [c'est-à-dire, à la Com-
munion Romaine], s'il n'eût
craint d'être abandonné de son
parti, & que de son côté le
Duc de Guise n'avoit pas trop
d'éloignement pour la confes-
sion d'Augsbourg, dont le
Cardinal de Lorraine, son oncle, lui avoit inspiré le goût,

sans le danger qu'il y avoit à l'embrasser. On voit dans ses *Essais*, Liv. 3. ch. I. quelle étoit sa maniére de se conduire entre personnes de partis différens. Montaigne étoit donc instruit des affaires, & il avoit toute la sagacité qu'il falloit pour y prendre part, s'il eût voulu s'en mêler; mais il sut heureusement conserver son apathie philosophique dans le séjour & dans tous les tems des plus dangereuses épreuves.

Quand le goût particulier de Montaigne, pour promener sa Philosophie, seroit moins marqué dans ses *Essais*, la connoissance singuliére & très-étendue qu'il avoit des hommes, suppose nécessairement autant d'action que d'expérience ; car on ne devine point les hommes dans la retraite d'un cabinet ; on ne les pénètre qu'en les approchant, qu'en les voyant même de fort près. Ainsi la passion des voyages étoit naturelle à un Philosophe curieux de connoître d'autres mœurs, & d'autres hommes que ceux qui l'environnoient. Il est vrai qu'il fit un peu tard, au moins pour le tems, les voyages dont on donne ici la relation, puisqu'il avoit 47 ans ; aussi se justifie-t-il de les avoir faits *marié & vieux.*

Le Journal ne nous inſtruit
point de l'objet précis de ces
derniers voyages, ni de l'occaſion qui détermina Montaigne
à quitter ſes foyers, à laiſſer
ſa femme & ſa fille [qui toutes deux lui ſurvécurent] dans
les inquiétudes d'une aſſez longue abſence : car , ſoit dit en
paſſant , notre philoſophe étoit
bon mari , bon pere , bon
frere , &c (*a*). Ce qui nous

(*a*) Montaigne écrivant à ſa femme
pour la conſoler de la perte d'une fille
âgée de deux ans, qu'ils avoient eue
après 4 ans de mariage, & qui étoit
unique alors, commence ainſi ſa Lettre : » MA FEMME , vous entendez
» bien que ce n'eſt pas le tour d'un

paroît évident , c'eſt que ce
ne fut pas la ſeule curioſité
de voir l'Allemagne & l'Italie
qui fit entreprendre à Montaigne une promenade de 17 mois,
mais que l'intérêt de ſa ſanté y
entra pour beaucoup. Il étoit
devenu valétudinaire ; la gravelle , maladie héréditaire , ou
qu'il tenoit , comme il le dit ,

» galand homme , aux reigles de ce
» tems ici, de vous courtiſer & careſſer
» encore : car ils diſent qu'un habile
» homme peut bien prendre femme ,
» mais que de l'épouſer, c'eſt à faire à
» un ſot. Laiſſons les dire : je me tiens de
» ma part à la ſimple façon du vieil
» âge, auſſi en porte-je tantòt le poil,
» &c. »

de la libéralité des ans , & la colique lui donnoient dans ce
tems-là fort peu de relâche. Il
ne croyoit point à la Médecine, & son éloignement pour
les Médecins est consigné dans
ses *Essais* (a). L'usage des eaux
minérales en bain, en douche,
en boisson , étoit dans son
opinion la médecine la plus
simple & la plus sûre. Il avoit
vu les plus célèbres eaux de
France; il voulut voir celles
de la Lorraine , de la Suisse &
de la Toscane. Ce dessein régla
principalement ses courses ; on
le voit sans cesse occupé du

(a) Liv. 2. ch. 37.

foin d'une fanté chancelante ,
fe porter vers toutes les eaux
minérales de quelque réputation , & en effayer : c'étoit là
qu'il fe plaifoit le plus (*a*). Or,

» (*a*) Qui n'y apporte d'allégreffe ,
» pour pouvoir jouir le plaifir des com-
» pagnies qui s'y trouvent, & des pro-
» menades & exercices à quoi nous
» convie la beauté des lieux où font
» communément affifes ces eaux , il perd
» la meilleure piece & plus affeurée de
» leur effect. A cette caufe , j'ai choifi
» jufqu'à cette heure à m'arrêter & à
» me fervir de celles où il y avoit plus
» d'amenité du lieu, commodité de lo-
» gis, de vivre & de compagnies , com-
» me font en France les bains de *Bagne-*
» *res* ; en la frontiere d'Allemagne & de
» Lorraine , ceux de *Plombieres* ; en

nous ne pouvons le diffimuler :
le goût trop conftant de Montaigne pour la recherche de
ces eaux ne répand pas beaucoup d'agrément dans fon
Journal ; c'eft même ce qui le
rend par fois ennuyeux & d'une
grande féchereffe. Mais il ne
faut point regarder ce Journal
comme un ouvrage que Mon-
taigne eût la moindre idée de
rendre public , au moins dans
l'état où il eft. Il y a plutôt
bien de l'apparence qu'il ne

>> Suiffe , ceux de *Bade* ; en la Tofca-
>> ne , ceux de *Lucques* , & fpécialement
>> ceux *della Villa* , defquels j'ai ufé plus
>> fouvent & à diverfes faifons <<. *Effais* ,
Liv. 2. chap. 37.

l'avoit fait tenir & continué de
fa main que pour fe rendre
compte à lui-même de tout ce
qu'il avoit vu, de tout ce qu'il
avoit fait, & des plus petits incidens qui concernoient fa perfonne. S'il avoit voulu le publier, il nous auroit fans doute
fait grace de tous les détails de
régime qui ne pouvoient amu-
fer que lui, & fur-tout de fon
long féjour aux eaux de Lucques ou *della Villa*. Nous aurions pu les fupprimer, & la
penfée nous en eft venue. Mais
c'étoit altérer l'original ; on
n'auroit point eu la Relation
de Montaigne dans toute fon
intégrité, & le moindre retran-

chement dans ces détails, en auroit fait soupçonner d'autres. On s'est déterminé pour le parti le plus sûr, qui étoit de publier l'ouvrage tel qu'il est dans l'original, sans la plus petite omission. Si tous les détails du même genre dont sont farcis les *Essais*, n'empêchent point qu'on ne les lise, & que les Editions les plus complettes ne soient très-justement préférées à tous les *Extraits*, à tous les *Esprits de Montaigne* qu'on a faits & qu'on pourra faire, il en sera de même de ce Journal. Ceux qu'ennuiront les détails des eaux de Plombieres & de Lucques n'ont qu'à se dispenser de les lire : ils n'existeront point pour eux. Nous les en avertissons d'avance, & nous ajouterons de plus que tout l'Egoïsme que l'on reproche aux *Essais*, se retrouve dans ce Journal. On n'y voit que Montaigne, il n'est parlé que de lui ; tous les honneurs ne sont que pour lui ; ses compagnons de voyage, à l'exception de M. *d'Estissac*, ne sont ici presque pour rien ; il semble enfin voyager seul, & pour lui seul. Il est vrai que sa compagnie ne le suivit point dans tous ses écarts, & sur-tout aux eaux. Cette petite observation fait déja connoître à-peu-près le carac-

tère du Journal, qui sera bien-
tôt plus développé.

Comme les bains de Lorraine, de Suisse & d'Italie n'é-
toient pas non plus le seul
objet du voyage dont on va
lire la relation (quoique l'envie
d'essayer de tous, dirigeât principalement les mouvemens de
Montaigne), il faut donc exa-
miner quelle part y avoient les
beautés locales du pays, le goût
des Arts & des monumens,
l'attrait des antiquités, des
mœurs étrangères, &c. &c.

III.

A L'ÉPOQUE du Voyage de Montaigne en Italie (1580), cette belle contrée, couverte des ruines & des débris de l'antiquité, étoit encore depuis deux siécles devenue la patrie des Arts. Elle étoit enrichie des travaux de Palladio , de Vignole, de Michel-Ange, de Raphael, de Jules Romain, du Correge, du Titien , de Paul Veronese, du Tintoret, &c. Il est vrai que l'Algarde , le Guide, l'Albane, le Domini-quin, Lanfranc, Pietre de Cor-tone , Annibal Carrache , &

une foule d'autres grands Maîtres , qui fuivirent de près
les premiers , n'avoient point
encore produit ce nombre
infini d'ouvrages en tous gen-
res qui décorent les Eglifes
& les Palais d'Italie. Le Pape
qui régnoit alors , Grégoire
XIII , s'étoit beaucoup moins
occupé des Arts de décoration
& d'agrément , que d'établiffe-
mens utiles & de quelques
ouvrages publics. Sixte-Quint ,
fon succeffeur , élu quatre ans
après ce Voyage , embellit
beaucoup plus Rome , en moins
de fix ans que dura fon regne ,
que n'avoit fait Grégoire XIII

pendant plus de douze ans de
pontificat. Cependant cette Capitale, ainsi que Florence & Venise, ainsi que plusieurs autres
Villes visitées par Montaigne ,
avoient dès-lors de quoi remplir
toute l'attention des Voyageurs,
par les richesses & les monumens
de toute espèce que les Arts y
avoient déja répandus. Montaigne y trouva donc de quoi
s'occuper. Avec une imagination aussi vive que celle qui perce
dans ses *Essais*, & d'une tour-
nure pittoresque , pouvoit-il
voir froidement les Arts de la
Grèce dont il étoit entouré ?
Si le Journal de son Voyage

contient peu de ces descriptions de Statues (*a*), de Tableaux, d'autres monumens dont
tous les voyageurs modernes
chargent successivement leurs
Relations (la plûpart en se ré-
pétant ou se copiant les uns
les autres) : c'est, comme il le
dit, qu'il y avoit dès ce tems-là
des Livres où tout cela se trouvoit ; c'est encore qu'il ne
voyoit que pour soi, ou qu'il
n'entroit point dans son plan
d'observation de faire montre

(*a*) Il dit que *ce sont les Statues qui lui
ont le plus agréé à Rome.* Il comparoit
donc notre Philosophe ; il avoit donc
le sentiment des Arts.

des impreſſions que les objets
faiſoient ſur lui, ni de ſe parer
de connoiſſances dont il laiſſoit
la poſſeſſion aux Artiſtes. Mais
il paroît que tous les anciens
Monumens, que tous les reſtes
des Romains l'avoient ſingulié-
rement frappé.

C'eſt-là qu'il cherchoit le Génie
de Rome qui lui étoit ſi préſent,
qu'il avoit mieux ſenti, mieux
apperçu que perſonne dans les
écrits des Romains qui lui
étoient familiers, & particu-
liérement dans ceux de Plutar-
que. Il le voyoit, ce Génie, reſ-
pirer encore ſous les vaſtes
ruines de la Capitale du Monde.
Jamais peut-être on ne l'a con-

çu ni repréſenté, d'aucune maniere, auſſi fortement, qu'il
l'eſt dans ſes belles réflexions
ſur l'immenſe tombeau de Rome (*a*). Il eſt ſûr au moins que
dans le grand nombre de Relations, de Deſcriptions en toutes langues, qu'on a des anciens
reſtes ou des ruines de cette
Ville, rien n'approche de cet
éloquent morceau, rien ne
donne une auſſi grande idée
du ſiége de l'Empire Romain.

Avant de lire ces réflexions,
on verra comment Montaigne,

____

(*a*) Elles ſont rapportées dans le
Proſpectus du Journal, & ſe trouvent
ici, *Tome II*, page 114.

avec des cartes & des livres ;
avoit *étudié* cette Ville ; & l'on
concevra que peu de Voya-
geurs l'ont pu mieux voir ,
avant ou même après lui. On
ne peut douter encore qu'il
n'eût partagé son attention
entre l'ancienne Rome & la
nouvelle ; qu'il n'eût également
bien examiné les restes de la
grandeur Romaine , & les Eglises, les Palais , les Jardins modernes, avec tous les embellis-
semens dont ils étoient déja
décorés. Si du peu de descriptions de Rome & de ses envi-
rons, qu'il a mises dans son
Journal , on inféroit que le
goût des Arts lui manquoit,

on

on se tromperoit évidemment ,
puisque, pour ne point s'en
faire une tâche, il renvoye aux
Livres, ainsi qu'on l'a déja dit.
Rome a depuis ce tems-là bien
changé de face; mais il nous
a paru curieux de conférer sa
Relation, telle qu'elle est, avec
les plus récentes, & nous n'a-
vons point négligé de faire
cette comparaison, quand elle
nous a paru nécessaire. Il en est
de même des autres Villes
d'Italie vues par Montaigne.
Les Statues antiques de Florence , (la Ville qu'il vit le
mieux , après Rome), & les
chefs-d'œuvres de son Ecole ,
ne lui étoient point échappés.

c

Il ne marque point une admi-
ration outrée pour Venise, où
il ne resta que sept jours, parce qu'il s'étoit proposé de revoir cette belle Ville à son aise ;
mais on remarquera que Montaigne , sans être insensible
aux belles choses, étoit assez
sobre admirateur (a). Ce qui
paroît le toucher le plus, ce
sont les beautés , les variétés

(a) Aujourd'hui l'on admire trop ;
& la plupart de nos Philosophes, ou
de ceux qui, parmi nous, en prennent
le nom, ne se défendent pas plus que
les autres d'un sentiment qui ne prouve point toute l'étendue d'esprit que
l'on voudroit bien montrer.

locales, un fite agréable ou
fingulier, quelquefois la vue
d'un lieu défert & fauvage, ou
des terreins bien cultivés, l'af-
pect impofant des montagnes,
&c. &c. Cependant l'Hiftoire
Naturelle n'entre pour rien dans
fes obfervations, s'il n'eft ques-
tion d'eaux minérales ; les ar-
bres, les plantes, les animaux
l'occupent fort peu. Il fe re-
pentit à la vérité de n'avoir pas
vu fur la route de Florence le
Volcan de *Pietra mala*, qu'il
laiffa par pur oubli, fans fe
détourner. On le voit affez cu-
riéux des machines hydrauli-
ques & autres, & de toutes
les inventions utiles. Il en dé-

crit même quelques unes, &
ses descriptions, pour n'être
pas fort claires, pour manquer souvent de précision,
parce que les termes apparemment lui manquoient, n'en
prouvent pas moins son attrait,
son goût pour ce genre de
curiosités. Un autre objet d'observation plus conforme à
sa philosophie, c'étoient les
mœurs & les usages des Peuples, des contrées, des conditions différentes, qu'il consi-
déroit avec un soin particulier.
Il voulut voir & entretenir
quelques Courtisanes à Rome,
à Florence, à Venise, & ne
crut point cet ordre indigne

de son attention (a). Il aimoit
naturellement le commerce des
femmes ; mais comme il fut
toujours bien plus réglé dans
ses mœurs, ou plus chaste
dans sa personne que dans ses
écrits, qu'il étoit assez maître

(a) Il avoit bien observé l'adresse des
Courtisanes de Rome. Il admiroit de
combien elles se montroient plus belles
qu'elles n'étoient ; avec quel art elles se
présentoient par ce qu'elles avoient de
plus agréable, montrant seulement le
haut du visage, ou le bas, ou le côté ;
enfin se couvrant ou se découvrant, de
maniere qu'il ne s'en voyoit pas une
seule de laide à la fenêtre.

de ſes ſens , & qu'il étoit fort attentif ſur ſa ſanté , la continence , à près de 50 ans , ne dut pas lui couter beaucoup (*a*). A l'égard de la galanterie à laquelle ſa philoſophie ne l'avoit pas fait renoncer , comme on le verra dans ſon ſéjour aux bains de Lucques (*b*) , il s'en permettoit un peu ſelon l'occaſion & les circonſtances.

Montaigne au reſte avoit

» (*a*) TOUT licentieux qu'on me
» tiene dit Mont. *Eſſais*, L. 3. ch. 5.
» J'ai en vérité plus ſévérement obſervé
» les loix du mariage, que je n'avois
» promis ni eſpéré «.

(*b*) Tome III. p. 19.

toutes les qualités néceſſaires à un Voyageur. Naturellement ſobre & peu ſenſible au plaiſir de la table, peu difficile ſur le choix ou ſur l'apprêt des alimens, quoiqu'aſſez friand de poiſſon, il s'accommodoit partout de ce qu'il trouvoit; il ſe conformoit ſans peine au goût, aux uſages différens de tous les lieux qu'il rencontroit : cette variété même étoit un plaiſir de plus pour lui. Véritable Coſmopolite, qui regardoit tous les hommes comme ſes concitoyens naturels, il n'étoit pas moins accommodant, moins aiſé dans le commerce de la vie. Il aimoit

c iv

beaucoup la conversation , &
il trouvoit bien à se satisfaire
chez une Nation spirituelle où
sa réputation l'avoit devancé ,
& lui avoit fait des amis. Loin
d'y porter cette prévention que
l'on reproche aux François de
trop laisser voir aux Etrangers,
il comparoit leurs usages aux
nôtres , & quand les premiers
lui paroissoient prévaloir , il
en convenoit sans hésiter (*a*).

>> (*a*) Un Allemand , dit-il , *Essais* ;
>> L. 3. ch. 13. me feit plaisir à Auguste
>> (*Augsbourg*) de combattre l'incom-
>> modité de nos fouyers par ce même
>> argumant de quoi nous nous servons
>> ordinairemant à condamner leurs *Poy-*
>> *les.* Car, à la vérité, ceste chaleur

Ainſi ſa franchiſe ne pouvoit manquer de le rendre très-agréable à ceux mêmes qui ne s'en piquoient pas autant que lui. Ajoutons à tous ces avan-

---

» croupie , & puis la ſenteur de ceſte » matiere reſchauffée de quoi ils ſont » compoſés, enteſte la pluſpart de ceus » qui n'y ſont expérimentés : moi non. » Mais au demeurant eſtant ceſte cha- » leur égale, conſtante & univerſelle , » ſans lueur, ſans fumée, ſans le vent » que l'ouverture de nos cheminées » nous apporte, elle a bien par ailleurs » de quoi ſe comparer à la notre ». C'eſt ainſi que tout eſt compenſé dans la vie : Montaigne l'avoit trop bien remarqué pour tenir à nos préjugés na-tionaux.

tages l'habitude du cheval, si commode pour lui qui souffroit difficilement les voitures, & par cette heureuse habitude, un corps capable de fatigues qui lui faisoit supporter & les mauvais gîtes, & le change-ment d'air presque continuel, & toutes les autres incommo-dités des voyages.

Montaigne voyageoit comme il écrivoit : ce n'étoit ordinai-rement ni la réputation des lieux, ni moins encore un plan formé de suivre telle ou telle partie pour la connoître exac-tement, ni la marche des au-tres Voyageurs, qui régloient la sienne ; il suivoit peu les

routes ordinaires ; & l'on ne
voit pas que dans ses voyages,
(excepté toujours son attrait
pour les eaux minérales) , il
eût un objet plus déterminé
qu'il n'en avoit en composant
ses *Essais*. A peine a-t-il le pied
en Italie qu'il paroît regretter
l'Allemagne. » Je crois , dit le
» premier Ecrivain du Journal,
» que s'il eût été seul avec les
» siens , il fût allé plutôt à Cra-
» covie ou vers la Grèce par
» terre, que de prendre le tour
» vers l'Italie. Mais le plaisir
» qu'il prenoit à visiter les pays
» inconnus , lequel il trouvoit
» si doux que d'en oublier la
» foiblesse de son âge & de sa

» fanté , il ne le pouvoit im-
» primer à nul de la troupe ,
» chacun ne demandant que la
» retraite (*a*). Quand on fe plai-
» gnoit de ce qu'il conduifoit
» fouvent la troupe par chemins
» divers & contrées, revenant
» fouvent bien près d'où il étoit
» parti ; (ce qu'il faifoit , ou
» recevant l'advertiffement de
» quelque chofe digne de voir ,
» ou changeant d'advis felon
» les occafions), il répondoit ,
» *qu'il n'alloit , quant à lui , en nul*

____

(*a*) Voilà comme voyage la mollef-
fe. On voudroit tout voir fans fe gêner,
fans qu'il en courât la moindre peine ;
on voyageroit bien volontiers dans fon
lit.

» *lieu que là où il se trouvoit*, &
» qu'il ne pouvoit faillir ni tor-
» dre sa voie, *n'ayant nul projet*
» *que de se promener par des lieux*
» *inconnus* ; & pourveu qu'on ne
» le vist point retomber sur
» mesme voie, & revoir deux
» fois mesme lieu (*a*), qu'il ne
» faisoit nulle faute à son des-
» sein (*b*).

» Il disoit , qu'après avoir
» passé une nuit inquiette, quand

(*a*) Cette loi que Montaigne paroît
ici s'imposer ne fut point du tout de ri-
gueur, puisqu'en Italie on le verra re-
passer plus d'une fois dans les mêmes
lieux, & de plus, y faire quelque séjour.

(*b*) Tome 1. p. 196 & 197.

» au matin, il venoit à se sou-
» venir qu'il avoit à voir une
» Ville ou une nouvelle con-
» trée, il se levoit avec desir
» & allégresse «. Il ajoutoit,
» qu'il étoit comme ceux qui
» lisent un conte plaisant ou
» un beau livre, & qui craignent
» toujours qu'il ne vienne à
» finir ; que de mesme il pre-
» noit si grand plaisir à voya-
» ger, qu'il haïssoit le voisinage
» du lieu où il devoit se repo-
» ser ; & il proposoit plusieurs
» desseins de voyager à son aise,
» s'il pouvoit se rendre seul « (a).

Montaigne, à son entrée en

(a) *Tome I.* p. 198.

Allemagne , se repentoit de trois choses : 1°. de n'avoir pas amené de France un Cuisinier , non pour se faire apprêter àmanger à son goût ou à la Françoise , mais au contraire pour qu'il apprît la cuisine Suisse , Allemande , Italienne ; 2°. de n'avoir pas pris pour l'accompagner quelque gentilhomme du pays ; 3°. de ne s'être pas pourvû d'itinéraires & de Livres qui lui eussent indiqué les lieux & les choses à voir (a).

____

(a) Tome I. p. 101.

IV.

AVANT de parler de la forme & du ſtyle de ce Journal, pour ne laiſſer aucune priſe à le ſoupçonner de ſuppoſition, d interpollation, &c. nous avons une obſervation à faire.

Les deux premiers Livres des *Eſſais* furent imprimés pour la premiere fois à Bordeaux en 1580; ils parurent par conſéquent au moins quelques mois avant le voyage de Montaigne en Italie, puiſqu'il trouva cet ouvrage à Rome entre les mains des Examinateurs, dont

il avoit déja subi la censure.
Or, dans cette Edition de Bordeaux, ni sans doute dans les trois autres qui la suivirent d'assez près, suivant le *P. Niceron*, il n'est fait aucune mention de ce Voyage d'Italie. Mais comme toutes les Editions postérieures, depuis & compris la cinquiéme, [donnée par Montaigne lui-même en 1588, à Paris chez *Abel Langelier*, in-4°], sont augmentées d'un troisiéme Livre, & d'environ 600 additions faites aux deux premiers, on trouve parmi ces additions plusieurs faits relatifs à ce même Voyage. Ils pourroient donc em-

barraſſer ceux qui , ne pouvant les faire cadrer avec la date des Editions antérieures aux *Additions* de Montaigne (*a*) , ne ſauroient pas que ces faits en

---

(*a*) Montaigne faiſoit volontiers des Additions à ſes ouvrages , mais il n'y corrigeoit jamais rien. Voici la raiſon qu'il en donne , *Eſſais* L. 3. ch. 9. » CE-» LUI qui a hypotecqué au monde ſon » ouvrage , je trouve apparence qu'il » n'y ait plus de droit. Qu'il die , s'il » peut , mieux ailleurs , & ne corrompe » la beſoigne qu'il a vendue. De tel-» les gens , il ne fauldroit rien acheter » qu'après leur mort. Qu'ils y penſent » bien avant de ſe produire : qui les » hâte ? « Belle queſtion ! la faim de la gloire , ou l'autre faim , toutes les deux ſouvent.

font partie, & qu'il les a lui-
même insérés après coup dans
les deux premiers Livres des
Essais.

On ne sauroit dissimuler que
toute la diction du Journal, où
l'on ne peut méconnoître l'ex-
pression libre & franche de
Montaigne, ne soit encore
plus négligée que celle des
Essais, & la raison en est évi-
dente. Ce Journal (il faut bien
le répéter) n'avoit été fait que
pour lui, pour son usage particulier; il n'y a pas d'apparence
qu'il se fût jamais donné la
peine de le revoir pour le mettre au jour. Ainsi, loin de se
gêner, c'est là qu'il a dû s'a-

bandonner à cette négligence qu'il chérissoit tant. Les *Essais* sont un peu plus soignés (*a*), parce qu'il vouloit les rendre publics, & qu'il les a publiés lui-même. De plus, comme Montaigne, quant aux mœurs,

---

(*a*) Le *P. Niceron* qui sans doute avoit vu quelques-unes des quatre premieres Editions, assûre que le texte de Montaigne y est plus suivi que dans toutes les Editions postérieures : » parce que ce texte qui ne contenoit » d'abord que des raisonnemens clairs & » précis, a été coupé & interrompu par » les différentes Additions que l'Auteur y a faites *par-ci par-là* en diffé- » rens tems, & qui y ont jetté du dé- » sordre & de la confusion, sans qu'il » se soit mis en peine d'y remédier. »

n'étoit presque pas de son siécle, sa maniere d'écrire est aussi d'un âge antérieur au sien. C'est d'abord le langage de sa Province, & cette Province (le Périgord) n'est point apparemment celle où notre langue avoit fait alors les plus grands progrès (*a*). D'ailleurs le Fran-

______

(*a*) Il est certain que les Essais de Montaigne contiennent bien des expressions Périgourdines & Gasconnes : c'est ce que l'Editeur de Londres (*M. Coste*) ne paroît pas avoir trop observé. Le langage Périgourdin a de plus conservé, comme celui de quelques autres Provinces, plusieurs traces de *Latinisme* qui ne subsistent plus dans la langue. Pour n'en citer que cet exemple, le

çois n'étoit point proprement
ſa langue naturelle ou native.
On ſait que Montaigne à ſix
ans ne ſavoit pas un mot de
cette langue , qu'il ne l'apprit
qu'à l'âge où s'apprennent ordinairement les élémens du Latin , & que cette derniere langue il l'avoit comme imbibée
avec le lait de la maniere dont
les enfans perçoivent leur langue maternelle. Or , ſa premiere
inſtitution ayant été l'inverſe
de la nôtre , il a dû long-tems
s'en reſſentir , le reſte de ſa vie

---

mot *Titubare* , qui ſignifie *chanceller* , ſe
reconnoît aiſément dans le mot Périgourdin *Tiboyer*, qui a la même ſignification.

peut-être , & par conséquent
la langue Françoise fut toujours
en quelque sorte étrangere pour
lui. De là tous les Latinismes
dont son style est rempli , l'au-
dace de ses métaphores , &
l'énergie de ses expressions ;
mais aussi de là , ses incorrec-
tions sans nombre , ses tâton-
nemens que l'on entrevoit dans
certains tours embarrassés ou
même forcés des *Essais* , & tout
le patois qu'il y a semé (*a*).

(*a*) L'Auteur de son Epitaphe Latine qui est aux Feuillants de Bordeaux,
en rassemblant tous les vieux mots
Latins dont elle est composée, semble-
roit avoir voulu caractériser l'élocution
des *Essais* , s'il n'étoit plus simple de

Montaigne après tout n'assu-
jettit jamais ses idées à l'expres-
sion ; il paroît ne se servir du
langage que comme d'un vête-
ment nécessaire pour habiller
ses conceptions, & pour les
produire au dehors. L'expres-
sion la plus commode , ou
celle qui se présentoit le plus
promptement , étoit toujours
employée ; il ne cherchoit plus
autre chose. Il falloit que la
langue se pliât sous sa plume,
qu'elle prît à son gré toutes les

---

penser que c'est une pédanterie Mo-
nachale , ou une élégance Germanique,
quel qu'en puisse être l'Ecrivain , dont
nous n'avons nulle connoissance.

formes

formes que ſes idées y imprimoient. Mais la richeſſe & la
chaleur de ſon imagination
ſuppléant à tous les beſoins du
Boute-dehors (c'eſt ainſi qu'il
appelloit le langage), y atta-
choient des formes heureuſes
& un coloris qui lui prêtoient
un nerf, une hardieſſe, dont
on n'auroit pas cru cette langue capable ; & voilà ce qui le
fait lire avec tant d'attrait.

On voit preſque toujours ſa
penſée dans ſa naïveté pure &
primitive ; elle n'eſt point *offuſ-
quée de langage*, ou le voile eſt
ſi tranſparent, qu'elle ne perd
rien de ſa force. Notre langue
lui doit quelques mots fort

expreſſifs qu'elle a conſervés ,
tels qu'*enjouement* , *enjoué* , *enfan-*
tillage , *aménité* peut-être, & d'autres (*a*).

Ce que nous diſons en géné-
ral du ſtyle particulier de Montaigne , ne regarde gueres que
les *Eſſais*. Il n'a pas beſoin d'ê-
tre juſtifié ſur celui de ce Jour-

(*a*) On auroit pu ſans doute en con-
ſerver davantage , ainſi que d'*Amyot* , &
de quelques autres Ecrivains du ſeizié-
me ſiécle ; ils auroient enrichi la langue , & ceux qu'on leur a ſubſtitués ,
comme des équivalens , ont beaucoup
moins de force ou d'expreſſion , ſans être
plus doux , plus harmonieux , &c.
Mais on ſait comment s'y prenoient les
premiers Académiciens , & combien
ils avoient de goût !

nal , puisque ce n'est qu'un Tableau des lieux qu'il visite & de sa maniere d'être en chaque lieu : Tableau croqué sans le moindre soin, avec la précipitation d'un Voyageur qui ne cherche point à orner des faits qu'il ne crayonne que pour lui seul , & dans lequel on voit tout au plus quelques traces des impressions qu'il a reçues à la présence des objets.

Ainsi, pour ne tromper personne , les faux délicats qui se font une affaire de goût de ne lire que les écrits qui parlent à-peu-près leur langage , ou ceux que la lecture des *Essais* n'a pas un peu familiarisés

avec le jargon de Montaigne,
pourront bien être dégoûtés de
la lecture de ce Journal ; mais
ce n'est point pour eux qu'on
l'a publié. Nous avons déja
fait pressentir qu'on n'y trouvera point beaucoup de ces
descriptions d'édifices ou de
peintures & de sculptures, qui
font la principale substance de
presque tous les nouveaux
Voyages. On ne doit pas non
plus s'attendre à ces digressions
politiques ou littéraires sur les
Peuples & les Gouvernemens
d'Italie, qui donnent à certaines Relations un air si savant ;
encore moins à ces plaisante-
ries usées sur les Moines & sur

les superstitions populaires , dont la plûpart des Etrangers, & parmi nous les libertins (non les plus instruits), ne sont jamais las. Montaigne avoit bien observé ; mais n'écrivant point ici pour être lu hors de sa famille (*a*) , & pour amuser l'ennui sédentaire ou la

---

(*a*) Montaigne n'étant mort que plus de dix ans après ce voyage d'Italie (en 1592), sans publier son Journal, on peut en inférer qu'il ne l'auroit jamais mis au jour, de quelque façon que ce fût. Son intention tout au plus étoit qu'il restât dans sa famille comme tant de Mémoires particuliers qui n'ont été donnés au Public que long-tems après la mort de leurs Auteurs.

d iij

malignité de ses contemporains, il n'a suivi dans sa Relation que son propre goût, en peignant, selon les occurrences, les objets & les mouvemens de son attrait particulier, sans s'attacher méthodiquement à telles parties plus qu'aux autres.

Mais ce qui rendra ce Journal intéressant pour les Lecteurs qui cherchent l'homme dans ses écrits, c'est qu'il leur fera beaucoup mieux connoître l'Auteur des *Essais*, que les Essais même. Ceci doit paroître un peu paradoxe ; allons à la preuve. Dans ces Essais, où pourtant Montaigne parle tant

& si souvent de lui-même, son véritable caractere est noyé sous la multitude des traits qui peuvent en former l'ensemble & qu'il n'est pas toujours aisé de rapprocher exactement, ou de bien faire cadrer, comme par le moyen d'un verre optique on réunit les traits dispersés dans toutes les parties de certains tableaux, pour qu'il en résulte une figure réguliere. Ce qui prouve que les Essais de Montaigne ne l'ont pas suffisamment fait connoître, c'est la diversité des jugemens qu'on a portés de lui (*a*). Ici

____

(*a*) Nous les avons tous bien com-

l'on ne voit plus l'Ecrivain ,
non pas même dans le moment
le plus froid de la composition
la moins méditée: c'est l'homme,
c'est Montaigne lui-même, sans
dessein , sans aucun apprêt ,
livré à son impulsion naturelle , à sa maniere de penser spon-
tanée, naïve , aux mouvemens
les plus soudains , les plus li-
bres de son esprit , de sa volonté , &c. On le voit mieux
que dans ses Essais, parce que
c'est bien moins lui qui parle ,

---

binés, & nous pourrions donner quelque jour une Discussion sur cet objet,
s'il paroissoit intéresser les Gens de
Lettres.

qui rend témoignage de lui-
même, que les faits écrits de
sa main pour la décharge de sa
mémoire, sans autre vue, sans
la moindre idée d'ostentation
prochaine, éloignée, présente
ou future. Parmi les faits de
ce Journal qui donneront de
l'Auteur (& sur-tout de sa Philosophie) une idée plus vraie
que tous les jugemens qu'on
en a portés (*a*), nous nous
bornons à celui-ci.

____

(*a*) Mallebranche, entre autres,
est un des plus mauvais juges de Montaigne. Un Méthodiste, un homme à
systêmes, ne devoit pas le trouver
supportable. Ce Philosophe Cartésien,
par une inconséquence à la fois for-

De tous les lieux d'Italie di-
gnes d'attirer l'attention de
Montaigne, celui qu'on pourroit le moins foupçonner qu'il
eût été curieux de voir, c'eſt
LORETTE : cependant lui qui

---

melle & réelle, s'étant toujours dé-
claré contre *l'Imagination*, ſa faculté
dominante (quoiqu'il en eut bien
éprouvé les ſurpriſes), ne pouvoit
gueres goûter un homme qui en avoit
autant que lui, mais qui en avoit fait
un tout autre uſage. On ne connoît
donc point aſſez Montaigne, parce
qu'on ne l'a gueres jugé que ſur ce
qu'il dit de lui-même, ſur ſes perſon-
nalités continuelles, & ſur les traits
vagues, indécis, formés de ſa main.
Son caractere philoſophique n'a point
été développé.

n'etoit resté qu'un jour & demi
tout au plus à Tivoli, passa
près de trois jours à Lorette.
Il est vrai qu'une partie de ce
tems fut employée, tant à faire
construire un riche *Ex voto*
composé de quatre figures d'argent, l'une de la Vierge, (devant laquelle étoient à genoux
les trois autres), la sienne,
celle de sa femme, & celle de
sa fille, qu'à solliciter pour son
Tableau une place qu'il n'ob-
tint qu'*avec beaucoup de faveur*. Il
y fit de plus ses dévotions (*a*);
ce qui surprendra peut-être encore plus que le Voyage & l'*Ex*

(*a*) *Tome* 2. p. 98.

voto même. Si l'Auteur de la *Differtation fur la Religion de Montaigne* (a), qui vient de paroître, avoit lu le Journal que nous publions, il en auroit tiré les plus fortes preuves en faveur de fon Chriftianifme, contre ceux qui croyent bien l'honorer en lui refufant toute religion: comme fi, malgré fon fcepticifme (b), on n'appercevoit pas

––––––––––––––––––––

(a) Dom *de Vienne*, Bénédictin de la Congrégation de S. Maur, auteur d'une *Hiftoire de Bordeaux*, dont le premier volume eft entre les mains du Public.

(b) C'eft ce que l'Auteur de l'Epitaphe en vers Grecs, qui fe lit aux Feuillans de Bordeaux, a bien fait

la sienne dans vingt endroits de ses *Essais*, & si sa constante aversion pour les Sectes nouvelles n'en étoit point une preuve éclatante, & nullement équivoque, ainsi que l'avoit bien remarqué sa fille d'alliance, Mademoiselle *de Gournay*, la meilleure Apologiste de Montaigne (*a*).

---

sentir dans deux vers traduits ainsi par la Monnoye :

Solius addictus jurare in dogmata Christi ;
    Cetera Pyrrhonis pendere lance sciens.

» Attaché fermement aux seuls dog-
» mes du Christianisme, il sut peser
» tout le reste à la balance de Pyr-
» rhon «.

(*a*) Voyez sa *Préface sur les Essais de*

Tout le mérite de ce Journal ne se réduit pourtant point

Montaigne. Cette Préface trop peu lue
est un chef-d'œuvre en son genre. Montaigne ne sera jamais mieux défendu
qu'il l'est dans cette piéce. Son Apologiste répond disertement à tous les
chefs de censure, à toutes les critiques
des *Essais.* Balzac, Paschal , Mallebranche, & les Critiques récens ne
reprochent rien à Montaigne sur quoi
cet Ecrivain ne soit très-bien justifié
expressément ou implicitement. Enfin,
c'est-là même, encore plus que dans les
Ecrits de son Copiste *Charron* , qu'on
retrouve l'esprit, le suc de Montaigne ,
avec la chaleur & le nerf de ses
expressions. Montaigne lui - même en
avoueroit tout. Il n'a peut-être rien
de plus fortement pensé que le début

à ce qui concerne Montaigne ;
il y a des fingularités & des faits
qu'on ne trouvera point ailleurs. C'eft ce qu'on verra par
l'Analyfe que nous mettons
fous les yeux du Lecteur, &
qui pourra tenir lieu de Som-
maire, à quelques égards.

V.

LE VOYAGE dont nous
allons fuivre ou fimplement
indiquer le cours, n'a, depuis
Beaumont - fur - Oife jufqu'à
Plombieres en Lorraine, rien
d'affez curieux, pour nous ar-

***

de cette Préface : *Si vous demandez au
vulgaire quel eft Céfar, &c.*

rêter en chemin. Le féjour
même de Plombieres , dont
Montaigne prit les eaux pendant quelques jours , n'a d'un
peu remarquable , que le naïf
Réglement fait pour la police
de ces eaux , qu'on rapporte
ici tout au long, & la rencontre d'un Seigneur Franc-Com-
tois à barbe pie , nommé d'*Andelot* , qui avoit été Gouverneur
de Saint-Quentin pour Philippe II , après la prife de cette
Ville par Jean d'Autriche. Il
faut donc aller jufqu'à Bâle ,
dont la defcription fait connoître fon état phyfique &
politique d'alors , ainfi que fes
Bains. Ce paffage de Montaigne

par la Suisse n'est pas d'un détail indifférent. On voit comment ce Voyageur philosophe
s'accommode par - tout des
mœurs & des usages du
pays. Les Hôtelleries , les
Poiles , la cuisine Suisse ,
tout lui convient ; il paroît
même fort souvent préférer aux
mœurs , aux façons Françoises,
celles des lieux qu'il parcourt ,
& dont la simplicité , la franchise étoit plus conforme à la
sienne. Dans les Villes où s'ar-
rêtoit Montaigne', il avoit soin
de voir les Théologiens Pro-
testans, pour s'instruire du fond
de leurs dogmes. Il disputoit
même quelquefois avec eux.

Sorti de la Suisse, on le voit à *Isne*, Ville Impériale, aux prises avec un Ubiquitaire. Il rencontra dans toute sa route, des Luthériens, des Zuingliens, &c. mais il vit beaucoup d'aversion pour le Calvinisme, qui ne prit point de ce côté-là. Dans son séjour à Augsbourg, Ville déja considérable, & qu'il représente telle qu'elle étoit, la description de la Poterne, que nous aurions désiré pouvoir rendre plus intelligible, intéressera peut-être les Méchaniciens. On y observera son attention à se conformer autant qu'il pouvoit aux usages extérieurs des Villes, pour n'être point trop remarqué. Mais un trait qui n'échappera point à ceux qui ne jugent Montaigne que comme on a jugé Cicéron , par ces foiblesses si communes dont la philosophie , dans des tems plus simples , n'exempta , ni Platon , ni Diogêne lui-même (a) , c'est l'amour de la

---

(a) La Philosophie qui n'est que discoureuse n'est exclusive d'aucunes miseres , d'aucunes petitesses humaines , & sur-tout de la vanité. Le ridicule est de la montrer trop ouvertement , même en voulant la cacher; ou de bâtir l'œuvre de sa gloire par tous les petits moyens que l'on employe à présent , & qui se décèlent d'eux-mêmes. Montaigne a du moins l'avantage que sa va-

gloriole ou le fentiment dont il ne put fe défendre , lorfqu'il s'apperçut qu'on le prenoit pour un Seigneur François de haut rang. On lui tiendra bon compte encore de la vanité fi perfévérante qui lui fait laiffer le cartel de fes armes aux eaux de Plombieres , à celles de Lucques & ailleurs. Montaigne à ce qu'il paroît, ne fit que traverfer, la Baviere , & dit peu de chofe même de Munick.

C'eft dans la traverfée du

---

nité plus fincere & plus franche choque moins qu'une vanité hypocrite. On a dit qu'après la bravoure rien n'étoit plus brave que l'aveu de la poltronnerie.

Tirol qu'il faut le confidérer
au milieu des Monts & des
gorges de cette contrée pitto-
refque, & s'y plaifant beaucoup
plus que dans toûs les pays
où il venoit de paffer. Il s'y
trouvoit d'autant mieux, qu'on
l'avoit fauffement prévenu fur
les incommodités qu'il effuye-
roit dans cette route. Ce qui
lui donne occafion de dire :
»Q U'I L s'étoit toute fa vie
» meffié du jugemant d'autruy
» fur le difcours des commo-
» dités des Pays eftrangiers, cha-
» cun ne fachant goufter que
» felon l'ordonnance de fa cou-
» ftume & de l'ufage de fon Vil-
» lage, & avoit faict fort peu

» d'estat des avertissemans que
» les Voyageurs lui donnoint
» (*a*). " Il comparoit ingénieusement le Tirol à une robbe
qu'on ne voit que plissée [à
cause des montagnes] , mais
qui développée feroit un fort
grand pays , parce que ses montagnes sont cultivées & rem-
plies d'habitans. Son entrée en
Italie fut donc par le Trentin.

Le premier empressement de
Montaigne ne fut , ni pour Rome , ni pour Florence ou Ferrare : Rome étoit trop connue,
disoit-il , & à l'égard des deux
autres Villes , il n'y avoit la-

(*a*) Tom. I. p. 164.

quais qui n'en pût dire des nouvelles. De Roveredo, où il s'apperçut que les écreviſſes commençoient à lui manquer, parce qu'exactement depuis Plombieres, dans un trajet de près de 200 lieues de pays, il en avoit eu à tous ſes repas, après avoir été voir le Lac de Garde, il tourne vers l'Etat des Vénitiens. Il paſſe ſucceſſive-ment à Verone, à Vicenze, à Padoue, & ſur chacune de ces Villes, il y a plus ou moins de détails. Veniſe, qu'il avoit *une faim extrême de voir*, ne ré-pondit point apparemment à toute l'idée qu'il s'en étoit fai-te, puiſqu'il la vit très-rapidement, & qu'il n'y fit pas un long séjour. Cependant il en admira d'abord la situation : puis l'Arcenal, la place de Saint-Marc, la police, la foule d'Etrangers qui s'y trouvoient ; enfin, l'opulence, le luxe & le grand nombre des Courtisannes d'un certain rang. Les bains de *Bataglia* lui font faire sa premiere diversion aux eaux Minérales. Rovigo, Ferrare & Bologne, ont ensuite l'une après l'autre le tribut de sa curiosité ; mais comme il y fit peu de séjour, il s'étend peu sur ces trois Villes. Il prend de là le chemin de Florence, & s'arrête d'abord à visiter quelques maisons de

plaisance

plaisance du Grand-Duc. Description assez détaillée des jardins & des eaux de *Pratolino.* Florence avoit de quoi l'occuper ; on ne le voit pourtant pas grand admirateur de cette Ville, & de la magnificence des Médicis. C'est même au milieu de Florence, qu'il dit n'avoir jamais vu de Nation où il y eût si peu de belles femmes que l'Italienne. Il s'y plaignoit aussi des logemens & de la mauvaise chere qui lui faisoient regretter les Hôtelleries d'Allemagne. Il met ici Florence fort au-dessous de Venise, peu au-dessus de Ferrare, & à l'égalité de Bologne. On trouve

encore plus de détails à proportion sur le Grand-Duc lors ré-
gnant, que sur ses Palais. Description de *Castello*, autre maison de plaisance du même
Prince, d'où il va à Sienne.

Montaigne entre sur les terres
de l'Eglise, passe à *Monte-Fias-
cone*, *Viterbe*, *Rossiglione*, &c.
& arrive à Rome le 30 Novem-
bre 1580.

L'idée magnifique & sublime
qu'il donne ici de l'ancienne
Rome d'après son superbe ca-
davre, est connue par le *Pros-
pectus* qui a été publié ; mais il
est curieux d'en rapprocher le
Tableau qu'il fait de Rome
moderne

» C'EST, dit-il, une Ville
» toute Cour & toute Noblef-
» fe; chacun prend fa part de
» l'oifiveté Eccléfiaftique (*a*)...
» C'eft la plus commune Ville
» du monde , & où l'étran-
» geté & différance de Nations
» fe confidere le moins : car
» de fa nature, c'eft une Ville
» rapiécée d'Etrangiers ; chacun
» y eft comme chez foi. Son Prin-
» ce embraffe toute la Chré-
» tienneté de fon autorité. Sa
» principale Jurifdiction oblige
» les Etrangiers en leurs maifons,
» comme ici à fon Election

―――――――――――

(*a*) *Deus nobis hæc otia fecit.* Virg.
Ecl. I.

» propre (*à sa volonté*) , & de tous
» les Princes & Grands de sa
» Cour, la considération de l'o-
» rigine n'a nul poids. La li-
» berté de la Police de Venise
» & utilité de la trafique la
» peuple d'Etrangiers ; mais
» ils y sont comme chez au-
» trui pourtant. Ici ils sont en
» leurs propres offices & biens
» & charges ; car c'est le siége
» des personnes Ecclésiastiques«.
A travers ce vieux langage, on
entrevoit , ce me semble, quelques idées assez neuves.

Montaigne se plaisoit beaucoup à Rome , & son séjour
en cette Ville , dans ce premier
voyage , fut de près de cinq

mois. Cependant il fait cet aveu :
» QUOIQUE j'y aye employé
» d'art & de soin , je ne l'ai
» connue que par son visage
» public , & qu'elle offre au
» plus chétif étranger «.

Il étoit fâché d'y trouver un
si grand nombre de François ,
qu'il ne rencontroit presque
personne qui ne le saluât en
sa langue. L'Ambassadeur de
France à Rome étoit en ce
tems-là M. d'*Elbene*. Montaigne , qui , dans tout son Journal , marque un grand respect
pour la Religion , crut ne
pouvoir se dispenser de rendre
au Souverain Pontife l'hommage de sa piété filiale , dans la

forme uſitée en cette Cour. M.
d'Elbene en fit ſon affaire. Il
mena Montaigne & ſa compagnie, (notamment M. d'*Eſtiſſac*) à l'Audience du Pape; ils
furent admis à lui baiſer les
pieds, & le Saint Pere exhorta
nommément Montaigne *de con-*
tinuer à la dévotion qu'il avoit
toujours portée à l'Egliſe & ſervice
du Roi très-Chrétien (*a*).

Ce Pape, on l'a déja dit,
étoit Grégoire XIII, & ſon
Portrait de la main de Montaigne, qui, non-ſeulement l'a-
voit vu de près, mais qui fut
encore à portée, pendant tout

(*a*) Henri III.

son séjour à Rome, d'être bien instruit sur son compte, est probablement un des plus vrais, des plus sûrs que l'on puisse avoir. Il ne gâtera rien ici.

»C'est un très-beau vieil- »lard, dit M. (*a*) d'une moyen- »ne taille & droite, le visage »plein de majesté; une longue »barbe blanche, âgé lors de »plus de 80 ans, le plus sain »pour cet âge & vigoureux »qu'il est possible de desirer, »sans goute, sans colique, »sans mal d'estomach, & sans »aucune subjection: d'une na- »ture douce, peu se passion-

____

(*a*) Tom. II. pag. 97.

» nant des affaires du monde
» (*a*) , grand bâtisseur , & en
» cela il lairra à Rome & ail-

(*a*) En effet , quoique Montaigne écrive qu'il vit à Saint-Pierre du Vatican des enseignes prises sur les Huguenots par les troupes de Henri III, ce qui fait assez voir la part que Rome prenoit à nos troubles , comme il est observé dans les notes : quoique l'abominable boucherie de la Saint-Barthelemy se soit faite sous le Pontificat de ce Pape, *Deserre* , Historien Huguenot , & l'un des moins modérés , dit expressément qu'en 1584 on présenta à Grégoire XIII. le plan de la Ligue, pour qu'il lui donnât sa bénédiction , & s'en déclarât le *parein*, mais qu'il ne voulut être boute-feu d'une guerre qu'il ne pourroit éteindre , & qu'il renvoya les

» leurs un singulier honneur à
» sa mémoire ; grand auménier,
» je dis hors de toute mesure....
» Les charges publiques péni-
» bles, il les rejette volontiers
» sur les épaules d'autrui, fuyant
» à se donner peine. Il prête tant
» d'audiences qu'on veut : ses
» réponses sont courtes & réso-
» lues , & perd t'on tems à lui
» combattre sa response par de
» nouveaux argumans. En ce
» qu'il juge juste , il se croit ; &
» pour son fils même (a) ,
» qu'il aime furieusemant , il
» ne s'esbranle pas contre cette

Députés sans réponse. *Invent. génér. de*
l'Hist. de Fr. regne de Henri III.

(a) Ce Pape avoit été marié.

» fienne Juſtice. Il avance ſes
» parens, mais ſans aucun in-
» téreſt des droits de l'Egliſe
» qu'il conſerve inviolablemant.
» … Il a une vie & des mœurs
» auxquelles il n'y a rien de fort
» extraordinaire, ni en l'une,
» ni en l'autre part, toutes
» fois inclinant beaucoup plus
» ſur le bon «.

On voit après cela Montaigne employer à Rome tout
ſon tems en promenades à pied
& à cheval, en viſites, en ob-
ſervations de tout genre. Les
Egliſes, les Stations, les Pro-
ceſſions même, les Sermons;
puis les Palais, les *Vignes*, les Jardins, les amuſemens publics,

ceux du Carnaval , &c. rien n'étoit négligé. Il vit circoncire un enfant Juif , & il décrit toute l'opération dans le plus grand détail. Il rencontre aux Stations de Saint-Sixte un Ambaſſadeur Moſcovite , le ſecond qui fût venu à Rome , depuis le Pontificat de Paul III ; ce Miniſtre avoit des dépêches de ſa Cour pour Veniſe adreſſées *au Grand Gouverneur de la Seigneurie.* La Cour de Moſcovie avoit alors ſi peu de relation avec les autres Puiſſances de l'Europe , & l'on y étoit ſi mal inſtruit , qu'on croyoit que Veniſe étoit du Domaine du Pape.

La Bibliotheque du Vatican ,

qui ne pouvoit qu'être déja très-riche , étoit une partie trop attrayante pour échapper à Montaigne ; aussi par le compte qu'il en rend, voit-on qu'il eut soin de la fréquenter. C'est-là sans doute qu'il rencontroit *Maldonat* , *Muret* & de pareils hommes, devenus aujourd'hui si rares. Il remarque , comme une singularité , que M. d'Elbene partit de Rome sans avoir vu cette Bibliotheque , pour n'avoir pas voulu faire une politesse au Cardinal Bibliothé-caire. Sur quoi il fait cette réflexion où l'on reconnoîtra bien son style : » L'OCCASION » & l'opportunité ont leurs

» privilieges, & offrent fouvant
» au Peuple ce qu'elles refufent
» aux Rois. La curiofité s'em-
» pêche fouvant elle-même,
» comme fait auffi la grandeur
» & la puiffance «.

Rome feule eft pour un véritable Curieux un monde entier à parcourir : c'eft une forte
de Mappemonde en relief, où
l'on peut voir en abrégé l'E-
gypte & l'Afie, la Grèce &
tout l'Empire Romain, le Monde ancien & moderne. Quand
on a bien vu Rome, on a beaucoup voyagé. Montaigne alla
voir *Oftia*, & les Antiquités
qui font fur la route ; mais ce
ne fut qu'une courfe. Il revint

tout de suite à Rome continuer
ses observations.

On trouvera peut-être peu
digne d'un Philosophe, tel que
Montaigne, son attention à
observer par-tout les femmes
assez curieusement ; mais cet attrait naturel entroit dans la composition de sa philosophie, qui
n'excluoit rien de toute la mo-
ralité de l'espece humaine (a).

____

(a) Le mot de Terence, *Homo sum,
humani a me nihil alienum* : ce mot
plein de sens & devenu si trivial, n'eut
peut-être jamais une application plus
juste ou d'une précision plus exacte, que
pour notre Auteur. Car ses spécula-
tions embrassant toute l'étendue de
l'humanité, il étoit aussi simplement

Il voyoit peu de belles femmes à Rome, & il remarque que *la beauté plus singuliere se trouvoit entre les mains de celles qui la mettoient en œuvre* (*a*). Cependant il convient ensuite que les Dames Romaines sont communément plus agréables que les nôtres, & qu'il ne s'en voit pas tant de laides qu'en France ; mais il ajoute que les Françoises ont meilleure grace.

De tous les détails de son

---

spectateur du sexe destiné à plaire par les agrémens extérieurs, (*formarum elegans spectator*), qu'observateur assidu de l'autre.

(*a*) On a fait depuis long-tems la même remarque à Paris.

séjour à Rome, celui qui concerne la censure des *Essais*, n'est
pas le moins singulier, & ne
peut qu'intéresser beaucoup les
amateurs de Montaigne.

Le Maître du sacré Palais
lui remit ses Essais *châtiés selon
l'opinion des Docteurs Moines.* „ IL
„ n'en avoit pu juger, lui dit-
„ il, que par le rapport d'aucun
„ Moine François, n'entendant
„ nullemant notre langue, & se
„ contentoit tant des excuses
„ que je faisois sur chaque ar-
„ ticle d'animadversion que lui
„ avoit laissée ce François, qu'il
„ remit à ma conscience de r'ha-
„ biller ce que je verrois estre
„ de mauvais goust. Je le sup-

»pliai au rebours qu'il fuivit
» l'opinion de celui qui l'avoit
» jugé , avouant en aucunes
» chofes, comme d'avoir ufé
» du mot de *fortune* , d'avoir
nommé (*cité*) » des Poëtes hé-
rétiques (c'eft-à-dire *profanes*) ;
» d'avoir excufé Julian (l'Em-
» pereur Julien dit l'*Apoftat*),
» & l'animadverfion fur ce que
» celui qui prioit devoit être
» exempt de vicieufe inclina-
» tion pour ce tems [*quod fu-
bolet Janfenifmum*] ; » *Item* , d'ef-
» timer cruauté ce qui eft au-
» delà de mort fimple [*a*];

____

(*a*) L'Auteur Italien du Livre qui
traite *des Délits & des Peines* , n'auroit
pas trouvé cette morale trop relâchée ,

» *Item*, qu'il falloit nourrir un
» enfant à tout faire , & autres
» telles choses : Que c'estoit mon
» opinion , & que c'estoint
» choses que j'avois mises ,
» n'estimant que ce fussent er-
» reurs. A d'autres, niant que
» le Correcteur eut entendu
» ma conception. Ledit *Maes-*
» *tro* qui est un habile homme
» m'excusoit fort & me vou-
» loit faire sentir qu'il n'estoit
» pas fort de l'avis de cette
» réformation , *& plaidoit fort*
» *ingénieusement pour moi en ma*
» *présence* , contre un autre qui
» me combattoit, Italien aus-
» si «.

____

puisqu'il pense de même.

Voilà ce qui se passa dans l'explication que Montaigne eut chez le Maître du sacré Palais au sujet de la censure de son Livre ; mais lorsqu'avant son départ de Rome , il prit congé de ce Prélat & de son Compagnon , on lui tint un autre langage. " I L S me
" prierent , dit-il, *de n'avoir au-*
" *cun égard à la censure de mon*
" *Livre* , en laquelle d'autres
" François les avoint avertis
" qu'il y avoit plusieurs sotti-
" ses; *ajoutant* , qu'ils honoroint
" mon intention & affection
" envers l'Eglise , & ma suffisan-
" ce ; & estimoint tant de ma
" franchise & conscience, qu'ils

» remettoint à moi-même de
» retrancher en mon Livre ,
» quand je le voudrois réim-
» primer , ce que j'y trouverois
» de trop licentieux , & entr'-
» autres choſes , les mots de
» *fortune*. [Il me ſembla les
» laiſſer fort contens de moi] :
» & pour s'excuſer de ce qu'ils
» avoint ainſi curieuſemant vu
» mon Livre , & condamné
» en quelque choſe, m'allégue-
» rent pluſieurs Livres de noſ-
» tre tems de Cardinaux & Reli-
» gieux de très-bonne réputa-
» tion , cenſurés pour quelques
» telles imperfections qui ne
» touchoint nullemant la répu-
» tation de l'Auteur , ni de

» l'œuvre en gros ; me pria-
» rent *d'aider à l'Eglise par mon*
» *éloquence* (ce sont leurs mots
» de courtoisie) , & de faire
» demeure en cette Ville pai-
» sible & hors de trouble avec
» eux «.

Après un jugement si mitigé,
Montaigne naturellement ne dut
pas se presser beaucoup de corriger ses *Essais.* D'ailleurs, comme nous l'avons fait voir , ce
n'étoit pas son usage. Il ajoutoit volontiers , mais ne corrigeoit ni ne retranchoit rien,
en sorte qu'il y a lieu de croi-
re que nous avons les deux premiers Livres des *Essais* , tels
qu'ils étoient avant l'examen

de Rome, excepté les additions qu'il y a faites.

Un intérêt encore plus preffant pour Montaigne & qui paroît l'avoir beaucoup occupé, c'est la grace que le Majordome du Pape, *Philippe Mufotti* (*a*), qui l'avoit pris *en finguliere amitié*, lui fit obtenir par

---

(*a*) C'est apparemment la reconnoiffance qui n'a pas permis à Montaigne d'omettre le nom du Majordome; mais comme il n'est pas moins intéreffant de favoir le nom du Prélat qui défendoit fi bien fes *Effais*, le Dominicain qui étoit alors Maître du facré Palais, s'appelloit *Sifto Fabri*. On fait que depuis S. Dominique qui fit créer cet Office par le Pape Honorius III, c'est

l'autorité du Saint-Pere. Nous parlons des *Lettres de Citoyen Romain*, qui flattoient si singuliérement son amour-propre ou sa fantaisie qu'il ne peut s'en taire. Ces Lettres obtenues, il ne tarda point à quitter Rome. Il alla voir auparavant *Tivoli* ; & la comparaison qu'il fait des eaux, des beautés naturelles de ce lieu charmant, avec celles de *Pratolino* & de quelques autres endroits, est du goût le mieux raisonné.

Montaigne en sortant de Ro-

---

toujours un Religieux de cet Ordre qui en est revêtu.

me prit le chemin de Lorette. Il passa par *Narni*, *Spolette*, *Foligno*, *Macerata*, & autres lieux dont il ne dit qu'un mot. Etant encore à Lorette, il faisoit son compte d'aller à Naples qu'il avoit bien envie de voir. Les circonstances l'empêcherent de faire ce voyage. S'il l'eût fait, Dieu sait combien il eût visité les eaux de Bayes & de Pouzzols. La perspective des eaux de Lucques lui fit sans doute changer sa marche. Ainsi de Lorette on le voit se porter directement à *Ancone*, *Sinigaglia*, *Fano*, *Fossombrone*, *Urbin*, &c. Il repasse à Florence, sans s'y arrêter, tourne vers Pistoye,

de

de cette Ville à Lucques, &
enfin au *Bagno della Villa*, où
il arrive au commencement
de Mai (1581), & s'établit pour
prendre les eaux.

C'est-là que Montaigne, de
sa seule ordonnance, s'impose
la résidence & l'usage de ces
eaux de la façon la plus stricte.
Il ne parle plus que de son régime, des effets successifs que
les eaux font sur lui, de la
maniere dont il les prenoit chaque jour ; en un mot, il n'o-
met aucune des plus petites
circonstances concernant son
habitude physique, & l'opération journaliere de ses boif-
fons, de ses douches, &c.

f

Ce n'est plus le Journal d'un Voyageur qu'on va lire ; c'est le Mémoire d'un malade attentif à tous les procédés du remede dont il use à discrétion, aux plus petits incidens de son action sur son être & de son état actuel : enfin c'est un compte bien circonstancié qu'il semble rendre à son Médecin, pour l'instruire & le consulter, tant sur son état, que sur l'effet des eaux. Il est vrai que Montaigne, en se livrant à tous ces fastidieux détails, prévient que : » Comme il s'est autrefois repenti de n'avoir pas écrit plus particulierement sur les autres Bains, ce qui auroit pu lui servir de regle & d'exemple pour tous ceux qu'il auroit vus dans la suite, il veut cette fois s'étendre & se mettre au large sur cette matiere ". Mais la meilleure raison pour nous, c'est qu'il n'écrivoit que pour lui. On trouve pourtant ici bien des traits qui de tems en tems peignent le local & les mœurs du pays.

La plus grande partie de ce morceau qui est long, c'est-à-dire, toute sa résidence à ces eaux, & le reste de son Journal jusqu'à la premiere Ville où retournant en France il trouve qu'on parle François, sont en Italien, parce qu'il vouloit s'exercer dans cette langue. Il a donc ici fallu traduire Montaigne, pour ceux qui ne l'auroient pas entendu.

Au reste, dans la Relation du séjour assez long qu'il fit aux bains *della Villa*, l'ennui de son Journal *diététique* est égayé par la description d'un Bal villageois qu'il y donne, & par les galanteries dont il s'amuse. On pourra même être édifié de son attention pour *Divizia*, pauvre Paysanne, qui, sans culture, étoit Poëte & de plus *improvisatrice*. Il avoue, à la vérité, que jusqu'alors, par le peu de communication qu'il avoit eue avec les habitans du lieu, il

n'avoit gueres bien soutenu la
réputation d'esprit & d'habileté
qu'on lui avoit faite. Cependant il fut invité , pressé même, de vouloir bien assister à
une consultation de Médecins
qui se fit pour le Neveu d'un
Cardinal, alors sur les lieux ,
parce qu'on étoit résolu de
s'en rapporter à sa décision. Il
en rioit , dit-il, en lui-même (a);
mais pareille chose lui étoit
arrivée plus d'une fois à ces

____

(a) Il étoit bien singulier, en effet,
que l'homme le plus incrédule en Médecine fût pris pour juge en pareille
matiere ; mais comme il croyoit aux
eaux minérales, on le supposoit orthodoxe sur les autres points.

eaux & même à Rome.

Montaigne, pour faire quelque trève aux remedes, prend congé des eaux, repasse à Pistoye, revient à Florence pour la troisiéme fois, & y séjourne quelque tems. Il y voit des Processions, des courses de Chars, la course des Barbes, & la singuliere Revue de toutes les Villes du Grand Duché représentées par des Estaffiers, dont la personne n'imposoit gueres. Il trouve dans la Librairie des Juntes *le Testament de Bocace*, & il en rapporte les principales dispositions, qui font voir à quelle misere étoit réduit cet Ecrivain encore aujourd'hui fi célèbre. Montaigne paſſe de Florence à Piſe dont il fait la deſcription. Mais, ſans aller plus loin, obſervons ici qu'on pourra le trouver un peu crédule à l'égard du merveilleux que les Italiens ſe plaiſent volontiers à répandre, & que ſa philoſophie ſur ce point n'eſt pas toujours aſſez ferme. Il fait quelque ſéjour à Piſe & va voir ſes Bains; il retourne enſuite à Lucques, y ſéjourne & décrit auſſi cette Ville. De Lucques, il revient aux Bains *della Villa* pour y reprendre les eaux. Il reprend en même-tems ſon Hiſtoire Thermale & diététique, ſes détails valétudinaires, médicinaux, &c.

Cette attention si minutieuse & si constante de Montaigne sur sa santé, sur lui-même, pourroit le faire soupçonner de cette excessive crainte de la mort qui dégénere en pusillanimité. Nous croyons plutôt que c'étoit la crainte de la taille, opération très - redoutée & justement formidable alors; ou peut-être, pensoit-il, comme le Poëte Grec, dont Cicéron rapporte ce mot : ,, Je ne veux ,, pas mourir, mais il me se- ,, roit fort indifférent d'être ,, mort (a) ''. Au reste il faut

____

(a) *Emori nolo, sed me esse mortuum nihili æstimo.* Epicharme.

l'entendre lui-même s'expliquer fort nettement fur cela (*a*).

» Il y auroit trop de foi-
» bleffe & de lâcheté de ma part
» fi, certain de me retrouver
» toujours dans le cas de périr
» de cette maniere (*b*), & la
» mort s'approchant à tous
» les inftans, je ne faifois pas
» mes efforts, avant d'en être
» là, pour pouvoir la fupporter
» fans peine, quand le moment
» fera venu. Car la raifon nous
» prefcrit de recevoir joyeu-
» fement le bien qu'il plaît à

(*a*) *Tom.* III. pag. 271. C'eft la Traduction que l'on repréfente ; mais on
peut confulter le texte Italien.

(*b*) De la pierre ou de la gravelle.

» Dieu de nous envoyer. Or,
» le seul remede, la seule regle
» & l'unique science pour évi-
» ter les maux qui assiegent
» l'homme de toutes parts &
» à toute heure, quels qu'ils
» soient, c'est de se résoudre à
» les souffrir humainement, ou
» à les terminer courageuse-
» ment, promptement (*a*) «.

(*a*) C'est-à-dire, (comme il est ex-
pliqué dans la note relative à cette
réflexion, *tome* 3. *p.* 271.) en s'aban-
donnant à la nature & lui laissant
exercer tout son pouvoir sur nous,
sans combattre les progrès du mal par
des remedes, ou par des opérations
douloureuses, dont une prompte mort
nous délivre. Il se disoit peut-être inté-

Il étoit encore aux Eaux *della Villa*, le 7 Septembre [1581], lorsqu'il apprit par une Lettre de Bordeaux, qu'on l'avoit élu Maire de cette Ville le 1 Août précédent. Cette nouvelle lui fit hâter son départ, & de Lucques il prit la route de Rome.

Montaigne de retour à Rome y fit encore quelque séjour dont on voit ici le détail. C'est-là [a] qu'il reçut les Lettres des Jurats de

---

rieurement comme un Poëte moderne : *Ah! non est tanto digna dolore salus.*

(a) Non à Vénise, comme l'écrit, d'après de Thou, le P. Niceron, copié par *Pesselier* dans l'Eloge Historique qu'il a mis à la tête de *l'Esprit de Montaigne.*

Bordeaux qui lui notifioient son Election à la Mairie de cette Ville, & l'invitoient à s'y rendre au plutôt. Il en partit accompagné du jeune d'Eſtiſſac, & de pluſieurs autres Gentils-hommes qui le reconduiſirent aſſez loin, mais dont aucun ne le ſuivit, pas même ſon Compagnon de voyage.

Sa route dans laquelle il retrouva l'hiver, & qu'il fit avec une ſanté chancelante, puiſqu'il rendoit de tems en tems du ſable ou des pierres, fut par *Ronſiglione*, *San-chirico*, *Sienne*, *Pontalcé*, *Luques* & *Maſſa di carrara*. Il avoit fort envie de paſſer à Gênes, & il n'y va point par

les raiſons qu'il rapporte. Il
prend par *Pontemolle & Fournoue*,
laiſſe *Cremone*, & vient à *Plai-
ſance*, dont il donne une courte
deſcription. Il voit *Pavie* & ſa
Chartreuſe, qu'il décrit auſſi
ſommairement, paſſe à *Milan*,
ſans s'y arrêter, & de là par *No-
varre & Verceil*, il arrive à *Turin*,
que l'on ne peut reconnoître
dans l'idée meſquine qu'il en
donne. *Novaleze*, le *Mont Cenis*,
Montmelian & Chambery, n'ont
qu'un trait de plume. Il paſſe
par la Breſſe, & arrive à Lyon,
Ville qui *lui plut beaucoup à la
voir* : c'eſt le ſeul mot qu'il en
dit. De Lyon, il traverſe l'Au-
vergne & le haut Limouſin

pour entrer dans le Périgord, & il se rend par Périgueux au Château de Montaigne — *LON-GÆ finis chartæque viæque*. Hor.

*P. S. O*N finissoit d'impri-mer ce Discours, quand M. *Cap-peronnier*, Garde de la Bibliothé-que du Roi a reçu de Bordeaux une Lettre concernant la famil-le de Montaigne, dont il a bien voulu nous faire part. Cette Lettre nous apprend qu'il existe encore à Bordeaux une fa-mille du nom de *Montaigne*, qui est précisément la même que celle de l'Auteur des *Essais*. En voici la filiation.

,, MICHEL DE MONTAIGNE

» étoit fils de Pierre Eiquem,
» Seigneur de Montaigne &
» Maire de Bordeaux. Pierre
» avoit trois freres , & deux
» font morts fans poftérité. Le
» troifiéme , *Raimond Eiquem de*
» *Montaigne* , *Seigneur de Buffa-*
» *guet* , étoit par conféquent
» oncle paternel de Michel de
» Montaigne. Il avoit époufé
» une *Adrienne de la Chaffagne* ,
» dont il eut quatre enfans, &
» entre autres , *Geoffroy Eiquem*
» *de Montaigne* , Seigneur de
» Buffaguet , Confeiller au
» Parlement de Bordeaux com-
» me fon pere. C'eft de ce
» Geoffroy que defcend la mai-
» fon de Montaigne actuelle-

» ment exiſtante en Guyenne ;
» dont le dernier rejetton a épou-
» ſé Mademoiſelle de Gala-
» theau «.

L'Auteur de cette Lettre (M. *de la Blancherie*) aſſure qu'il n'é-crit que d'après les Pieces juſtificatives qu'il a ſous les yeux.

On trouve dans la *Bibliotheque de du Verdier*, Tome II, page 143. (Editon de M. *Rigoley de Juvigny*, Paris 1773), un Préſident de Montpellier du nom de *Montagne* & du même tems que l'Auteur des *Eſſais : homme docte*, dit le Bibliographe, & qui avoit écrit l'*Hiſtoire de la Roine d'Ecoſſe* (apparemment Marie Stuart), *non encore imprimée*. Mais il ne paroît pas qu'il fût de la même famille, & *du Verdier* a grand ſoin d'en faire la diſtinction.

F I N.

VOYAGES

DE

MICHEL DE MONTAIGNE

En Allemagne et en Italie.

*Monsieur de Montaigne depescha Monsieur de Mattecou-

Il manque deux pages du Manuscrit formant le premier feuillet, qui paroît avoir été déchiré fort anciennement, puisque le livre a été trouvé en cet état. On ne sait point quel est le Comte que Montaigne envoya visiter, ni l'accident qui causa ses blessures; mais on ne se permettra point la moindre conjecture sur un fait étranger à l'Auteur.

Tome I.   A

lon (*a*) en poſte avec ledit eſcuyer, pour viſiter ledit Conte , & trouva que ſes playes n'eſtoint pas mortelles. Audit Beaumont (*b*) , M. d'Eſtiſſac (*c*) ſe meſla à la trope pour

---

(*a*) C'étoit le frere de Montaigne. *Eſſais l.* 2 , *ch.* 27. » MON frere , ſieur de » *Mattecoulon* , fut convié à Rome à » ſeconder un Gentilhomme qu'il ne » cognoiſſoit guere , lequel eſtoit défen- » deur & appellé par un autre. En ce » combat il ſe trouva de fortune avoir en » teſte un qui luy eſtoit plus voiſin & plus » cogneu. Après s'eſtre desfait de ſon » homme voyant les deux maiſtres de la » querelle en pieds encore & entiers , il » alla deſcharger ſon compaignon.... Il fut » deſlivré des priſons d'Italie par une bien » ſoudaine & ſolemnelle recommandation » de nôtre Roi ». Ce duel ſe fit vraiſemblablement dans le voyage dont il s'agit.

(*b*) Beaumont-ſur-Oiſe.

(*c*) C'étoit le fils de la Dame d'*Eſtiſſac* à qui eſt adreſſé , dans le ſecond livre des Eſſais, le chapitre intitulé : *de l'affection des peres aux enfans.*

faire même voyage, accompaigné d'un jantil'home, d'un valet de chambre, d'un mullet, & à pied d'un muletier & deux lacquais, qui revenoit à noftre equipage pour faire à moitié la defpenfe. Le lundi cinquiefme de Septembre 1580, nous partimes dudit Beaumont après difner & vinfmes tout d'une trete fouper à

MEAUX, qui eft une petite ville, belle, affife fur la riviere de Marne. Elle eft de trois pieces. La ville & le fauxbourg font en deça de la riviere, vers Paris. Au-delà des pons, il y a un autre grand lieu qu'on nomme *le Marché*, entourné de la riviere & d'un très beau foffé tout autour, où il y a grande multitude d'habitans & de maifons. Ce lieu étoit autrefois très bien fortifié de grandes & fortes murailles & tours; mais en nos feconds troubles hugue-nots, parce que la plufpart des habitans de ce lieu eftoit de ce party,

on fit demolir toutes ces fortifica-
tions. Cet endroit de la ville foutint
l'effort des Anglois, le reste estant
tout perdu; & en récompense tous
les habitans dudit lieu font encore
exempts de la taille & autres impofi-
tions. Ils monftrent fur la riviere de
Marne une ifle longue de deux ou
trois cent pas qu'ils difent avoir efté
un cavalier jetté dans l'eau par les
Anglois, pour battre ledit lieu du
marché avec leurs engins, qui s'eft
ainfi fermy avecq' le temps. Au faux-
bourg, nous vifmes l'abbaïe de faint
Faron, qui eft un très vieux battimant
où ils montrent l'habitation d'Ogier
le Danois & fa fale. Il y a un antien
refectoire, à tout (*a*) des grandes &
longues tables de pierre d'une grandeur inufitée, au mylieu duquel four-
doit, avant nos guerres civiles, une
vifve fonteine qui fervoit à leur repas.

____

(*a*) C'eft-à-dire, avec.

La pluſpart des religieus ſont encore gentil'homes. Il y a entre autres choſes une très vielle tumbe & honorable, où il y a l'effigie de deux chevaliers étandus en pierre d'une grandeur extraordinere. Ils tiennent que c'eſt le corps de Ogier le Danois (*a*) & quelqu'autre de ces Paladins. Il n'y a ni inſcription ni nulles armoiries; ſtlemant il y a ce mot

---

(*a*) Le P. Mabillon, dans ſes *Actes des Saints de l'Ordre de S. Benoît*, *t. v.* ſoutient cette tradition fabuleuſe avec un ſérieux peu digne de ſon érudition. Quelle apparence qu'Oger le Danois, mort l'an 800 à la bataille de Roncevaux, avec Roland & Olivier, neveux de Charlemagne, eût été porté de ſi loin pour être inhumé à S. Faron! Dom M. leve cette difficulté par une fable évidemment monacale. Mais il y auroit plus d'apparence à ſubſtituer, avec *Pierre Janvier*, à Oger le Danois un autre Oger de Charmontré

en latin , qu'un *Abbé* y a fait mettre
il y a environ cent ans, *que ce font
deux heros inconnus qui font là enterrés.* Parmy leur threfor , ils monftrent des offemans de ces chevaliers.
L'os du bras depuis l'efpaule jufques
au coude eft environ de la longeur
du bras entier d'un homme des nôtres
de la mefure commune , & un peu
plus long que celui de M. de Montaigne. Ils monftrent auffi deux de
leurs efpées qui font environ de la
longeur d'une de nos efpées à deux
mains , & font fort detaillées de
coups par le tranchant.

Audit lieu de Meaux , M. de
Montaigne fut vifiter le Threforier

---

ou Charmontray, qui donna tout fon bien
au monaftere de S. Faron en 1085 , fi le
fait étoit mieux prouvé. Dans un vieux
Nécrologe de l'abbaye de S. Faron , on lit
fur le 1 Mars : *Gibelina , foror Ogerii le
Danois , converfa.*

de l'Eglise saint Estienne (*a*) nommé *Juste Terrelle* , home connu entre les sçavans de France , petit home vieux de soixante ans, qui a voïagé en Egipte & Jerusalem & demeuré sept ans en Constantinople , qui lui montra sa librerie & singularités de son jardin. Nous n'y vismes rien si rare qu'un arbre de buy espandant ses branches en rond, si espois & tondu par art , qu'il samble que ce soit une boule très polie & très massive de la hauteur d'un homme.

De Meaux où nous disnames le mardy nous vinsmes coucher à

CHARLY , sept lieues. Le mercredy après disner vinsmes coucher à

DORMANS , sept lieues. Le landemein qui fut jeudi matin vinsmes disner à

(*a*) C'est l'ancienne Cathédrale , depuis mise aussi sous l'invocation de la Vierge.

E S P R E N E I (*a*), cinq lieues. Où estans arrivés, MM. d'Estissac & de Montaigne s'en allarent à la messe, comme c'estoit leur coutume, en l'eglise Nostre Dame ; & parce que ledit seigr. de Montaigne avoit veu autrefois ; & lorsque M. le Mareschal de Strossi fut tué au siege de Teonville (*b*) qu'on avoit apporté son corps en laditte eglise, il *s'*enquit de sa sepulture, & trouva qu'il y estoit enterré sans aucune montre ny de pierre, ny d'armoirie, ny d'épitaphe, vis à vis du grand autel ; & nous fut dit que la reine l'avoit ainsi faict enterrer sans pompe & ceremonie, parce que c'estoit la volonté dudit Mareschal. L'evesque de Renes de la maison des Hanequins (*c*) à Paris,

---

(*a*) C'est Espernai en Champagne.

(*b*) Thionville.

(*c*) Hennequins, famille de robe, ancienne.

faifoit lors l'office en laditte eglife
de laquelle il eft abbé : car c'eftoit
auffi le jour de la feſte de N. Dame
de Septemb. M. de Montaigne ac-
cofta en ladire eglife après la meſſe
M. Maldonat (*a*), Jhefuite duquel
le nom eft fort fameux, à cauſe de
fon erudition en theologie & philo-
fophie, & eurent pluſieurs propos de
fçavoir enſamble lors & l'après dinée
au logis dudit fieur de Montaigne,
où ledit Maldonat le vint trouver.
Et entre autres chofes, parce qu'il
venoit des beings d'Aſpa (*b*), qui font
au Liege (*c*), où il avoit efté avec M.
de Nevers, il lui conta que c'eftoint

(*a*) C'eft le célebre *Jean Maldonat*,
Jéfuite Eſpagnol très fçavant, dont on a
d'excellens commentaires ſur les Evangi-
les, mort en 1583 à Rome, où il avoit
été appellé par le Pape Grégoire XIII.

(*b*) De Spa.

(*c*) Au païs de Liége.

des eaus extrememant froides, &
qu'on tenoit là que les plus froides
qu'on les pouvoit prendre c'estoit le
meilleur. Elles sont si froides qu'aucuns qui en boivent en entrent en
frisson & en horreur; mais bientost
après on en sent une grande chaleur
en l'estomach. Il en prenoit pour sa
part cent onces; car il y a des gens
qui fournissent des verres qui portent
leur mesure selon la volonté d'un
chacun. Elles se boivent non seulement à jeun, mais encore après le
repas. Les opérations qu'il récita sont
pareilles aus eaux de Guascogne.
Quant à lui, il disoit en avoir remarqué la force pour le mal qu'elles ne
lui avoint pas faict, en ayant beu
plusieurs fois tout suant & tout
esmeu. Il a veu par expérience que
grenouilles & autres petites bettes
qu'on y gette se meurent incontinent,
& dit qu'un mouchouer (a) qu'on

____

(a) Mouchoir.

mettra audeſſus d'un verre plein de
ladite eau , ſe jaunira incontinent.
On en boit quinze jours ou trois ſe-
maines pour le moins. C'eſt un lieu
auquel on eſt très bien accommodé
& logé, propre contre toute obſtruc-
tion & gravelle. Toutefois ny M. de
Nevers ny lui n'en eſtoint devenus
guieres plus ſains. Il avoit avec lui
un maiſtre d'hoſtel de M. de Nevers ,
& donnarent à M. de Montaigne un
cartel imprimé ſur le ſujet du diffe-
rent qui eſt entre MM. de Montpan-
ſier & de Nevers , affin qu'il en fut
inſtruit & en peut inſtruire les gentil'hommes qui s'en enquerroint (*a*).

(*a*) La diſpute entre le Duc de Montpenſier & le Duc de Nevers (1541) étoit
ſur la *Baillée des Roſes* au Parlement. Il
fut ordonné que le Duc de Montpenſier
qui réuniſſoit la qualité de Prince du Sang
à celle de Pair, les bailleroit le premier ,
quoique M. de Nevers fût plus ancien Pair

A vj

Nous partimes de là le vendredy matin & vinſmes à

CHAALONS (*a*), ſept lieues. Et y logeaſmes à la Couronne qui eſt un beau logis, & y ſert on en veſſelle d'argeant, & la pluſpart des lits & couvertes ſont de ſoie. Les communs battimens de toute cette contrée ſont de croye (*b*), coupée à petites pieces quarrées, de demi pied ou environ & d'autres de terre en gaſon de meſme forme. Le lendemein nous en partimes après diſner, & vinſmes coucher à

VITRI LE FRANÇOIS, ſept lieues. C'eſt une petite ville aſſiſe ſur la riviere de Marne, battie depuis trente-cinq ou quarante ans, au lieu

---

que lui. *Voyez* l'Abrégé Chronologique du P. Henault, *Edit. de* 1768, *in-*8°. *tom.* 1, *p.* 177 & 178.

(*a*) Sur Marne.

(*b*) Craye.

de l'autre Vitry qui fut bruflé. Ell'a
encore fa premiere forme bien pro-
portionnée & plaifante, & fon milieu
eft une grande place quarrée des plus
belles de France. Nous apprimes là
trois hiftoires mémorables. L'une que
madame la douairiere *de Guife de
Bourbon (a)*, aagée de quatre vingt
fept ans, eftoit encor' vivante, &
faifant encor un quart de lieuë de fon
pied. L'autre, que depuis peu de jours
il avoit efté pendu à un lieu nommé
Montirandet (*b*), voifin de là, pour
telle occafion : Sept ou huit filles
d'autour de Chaumont en Baffigni
complottarent, il y a quelques an-

(*a*) Cette Princeffe étoit *Antoinette de
Bourbon*, veuve de Claude de Lorraine,
premier Duc de Guife, mort en 1550 Le
Jacobin *Doré*, en parle comme d'une
fainte.

(*b*) Montier-en-Der,

nées, de fe veftir en mafles, & continuer ainfi leur vie par le monde.
Entre les autres, l'une vint en ce
lieu de Vitry fous le nom de *Mary*,
guaignant fa vie à eftre tifferan, jeune
homme bien conditionné & qui fe
rendoit à un chacun ami. Il fiança
audit Vitry une femme, qui eft encor vivante ; mais pour quelque
defacord qui furvint entre eux, leur
marché ne paffa plus outre. Depuis
eftant allé audit Montirandet, guaignant toufiours fa vie audit meftier,
il devint amoureux d'une fame laquelle il avoit époufée, & vefcut
quatre ou cinq mois avecque elle
avec fon contentement, à ce qu'on
dit ; mais ayant efté reconnu par
quelcun dudit Chaumont, & la
chofe mife en avant à la juftiffe, elle
avoit efté condamnée à eftre pendue :
ce qu'elle difoit aymer mieux fouffrir
que de fe remettre en eftat de fille, &

fut pendue pour des inventions
illicites à fupplir (*a*) au défaut de fon
fexe. L'autre hiftoire , c'eft d'un
homme encore vivant nommé *Ger-*
main , de baffe condition , fans nul
meftier ni office , qui a efté fille
jufques en l'aage de vingt deux ans ,
veuë & connuë par tous les habitans
de la ville , & remarquée d'autant
qu'elle avoit un peu plus de poil
autour du menton que les autres
filles ; & l'appelloit-on *Marie la*
barbue. Un jour faifant un effort à un
fault , fes outils virils fe produifirent ,
& le cardinal de Lenoncourt , évef-
que pour lors de Chalons , lui donna
nom *Germain* (*b*). Il ne s'eft pas
marié pourtant ; il a une grand' barbe
fort efpoiffe. Nous ne le fceumes
voir , parce qu'il eftoit au vilage. Il

(*a*) A fuppléer.
(*b*) Cette hiftoire eft rapportée dans
les *Effais de Montaigne , liv.* 1 , *ch.* 20.

y a encore en cette ville une chanson
ordinaire en la bouche des filles, où
elles s'entr'advertissent de ne faire
plus de grandes enjambées, de peur
de devenir masles , comme Marie
Germain. Ils disent qu'Ambroise Paré
a mis ce conte dans son livre de
Chirurgie , qui est très-certin , &
ainsi tesmoingné à M. de Montaigne
par les plus apparens officiers de la
ville. Delà nous partismes dimenche
matin après desjeuné , & vinsmes
d'une trete à

BAR, neuf lieues. Où M. de
Montaigne avoit esté autresfois , &
n'y trouva de remarquable de nouveau que la despense estrange qu'un
particulier prestre & doyen de là a
employé & continue tous les jours en
ouvrages publiques. Il se nomme
Gilles de Treves; il a bati la plus
sumptueuse chapelle de marbre, de
peintures & d'ornemens qui soit en
France, & a bati & tantost achevé

de mubler la plus belle maifon de
la ville qui foit auffi en France , de
la plus belle ftructure , la mieux
compaffée , étoffée , & la plus labourée d'ouvrages & d'anrichiffemans ,
& la plus logeable : de quoy il veut
faire un colliege , & eft après à le
doter & mettre en trein à fes def-
pens. De Bar , où nous difnames le
lundi matin , nous nous en vinfmes
coucher à

MANNESE , quatre lieues.
Petit village où M. de Montaigne
fut arrefté , à caufe de fa colicque ,
qui fut auffi caufe qu'il laiffa le deffein qu'il avoit auffi faict de voir
Toul, Metz, Nancy , Jouinville &
St. Difier , comme il avoit délibé-
ré , qui font villes épandues autour
de cette route , pour gaigner les
beings de Plombieres en diligence.
De Mannefe , nous partifmes mardi
au matin & vinfmes difner à
VAUCOULEUR , une lieue.

Et paſſames le long de la riviere de Meuſe dans un village nommé

DONREMY, ſur Meuſe, à trois lieues dudit Vaucouleur. D'où eſtoit natiſve cette fameuſe pucelle d'Orléans, qui ſe nommoit Jeane Day (*a*) ou Dallis. Ses deſcendans furent annoblis par faveur du Roi, & nous monſtrarent les armes que le roi leur donna, qui ſont d'azur à un' eſpée droite couronnée & poignée d'or, & deux fleurs de lis d'or au côté de ladite eſpée; de quoy un receveur de Vaucouleur donna un eſcuſſon peint à M. de Caſelis. Le devant de la maiſonnette où elle naquit eſt toute peinte de ſes geſtes; mais l'aage en a fort corrompu la peinture. Il y a auſſi un abre le long d'une vigne qu'on nomme l'*abre de la Pucelle*, qui n'a nulle autre

---

(*a*) D'Arc.

chofe à remarquer. Nous vinfmes ce foir coucher à

NEUFCHASTEAU, cinq lieues. Où en l'églife des Cordeliers il y a force tumbes anciennes de trois ou quatre cens ans de la nobleffe du païs (*a*), defqueles toutes les infcriptions font en ce lengage : *Cy git tel qui fut mors lors que li milliaires courroit per mil deux cens &c.* M. de Montaigne vit leur librairie où il y a force livres ; mais rien de rare, & un puis qui fe puife à fort grands feaus en roullant avec les pieds un

---

(*a*) Entre autres, plufieurs tombeaux de Seigneurs de la Maifon du Châtelet. (*Voyez* l'Hiftoire Généalogique de la Maifon du Châtelet, de Dom Calmet) Il eft rapporté dans les Obfervations de l'Abbé Desfontaines, *Lettre* 467 , *tome* 32, qu'un du Châtelet voulut y être enterré tout de bout, dans le creux d'un pillier, difant que *jamais vilain ne pafferoit pardeffus fon ventre.*

plachié de bois qui eſt appuyé ſus un pivot , auquel tient une piece de bois ronde à laquelle la corde du puis eſt attachée. Il en avoit veu ailleurs de pareils. Joingnant le puis, il y a un grand vaiſſeau de pierre eſlevé audeſſus de la marſelle (*a*) de cinq ou ſix pieds, où le ſeau ſe monte; & ſans qu'un tiers s'en meſle, l'eau ſe renverſe dans ledit vaiſſeau , & en ravalle quand il eſt vuide. Ce vaiſſeau eſt de telle hauteur que par icelui avec des canaus de plomb, l'eau du puis ſe conduit à leur réfectoire & cuiſine & boulangerie , & réjaillit par des corps de pierre eſlevés en forme de fonteines naturelles. De Neufchaſteau où nous desjunaſmes le matin, nous vinſmes ſoupper à

MIRECOURT, ſix lieuës. Belle petite ville où M. de Montaigne ouyt nouvelles de M. & Mad. de Bourbon

---

(*a*) Mardelle.

qui en ſont fort voiſins. Et lendemein matin après des-juner alla voir à un quart de lieue de là, à quartier de ſon chemin, les religieuſes de Pouſſay. Ce ſont religions de quoi il y en a pluſieurs en ces contrées là (a) eſtablies pour l'inſtitution des filles de bonne maiſon. Elles y ont chacune un bénéfice, pour s'en entretenir, de cent, deux cens ou trois cens eſcus, qui pire, qui meilleur, & une habitation particuliere où elles vivent chacune à part ſoi. Les filles en nourrice y ſont reçues. Il n'y a nulle obligation de virginité, ſi ce

---

(a) Remiremont, Epinal, Pouſſai, Bouxières. Le dicton de Lorraine ſur ces 4 chapitres eſt : les *Dames* de Remiremont; les *Caignes-de-chambre* d'Epinal ; les *Servantes* de Pouſſai, & les *Vacheres* de Bouxieres. Cependant ces chapitres exigent à-peu-près les mêmes preuves.

n'eſt aus officieres , comme abbeſſe ,
prieure & autres. Elles ſont veſtues en
toute liberté , comme autres damoi-
ſelles , ſauf un voile blanc ſus la tête ,
& en l'égliſe pendant l'office un
grand manteau qu'elles laiſſent en
leur ſiege au cœur. Les compaignies
y ſont reçues en toute liberté, chez
les religieuſes particulieres qu'on y
va rechercher , ſoit pour les pourſui-
vre à épouſer , ou à autre occaſion.
Celles qui s'en vont peuvent réſigner
& vendre leur bénéfice à qui elles
veulent , pourveu qu'elle ſoit de
condition requiſe. Car il y a des ſeigneurs du païs qui ont cette charge
formée , & s'y obligent par ſerment
de teſmoingner de la race des filles
qu'on y préſente. Il n'eſt pas incon-
venient qu'une ſeule religieuſe ait
trois ou quatre bénéfices. Elles font
au demeurant le ſervice divin comme
ailleurs. La plus grand part y finiſſent

leurs jours & ne veulent changer de condition. Delà nous vinſmes ſoup-per à

ESPINÉ (*a*), cinq lieuës. C'eſt une belle petite ville ſur la riviere de la Moſelle où l'entrée nous fut refuſée d'autant que nous avions paſſé à Neufchaſteau, où la peſte avoit été il n'y a pas long-temps. Lendemain matin nous vinſmes diſner à

PLOMMIERES (*b*), quatre lieues. Depuis Bar-le-Duc les lieues reprennent la meſure de Guaſcogne, & vont s'allongeant vers l'Allemagne, juſques à les doubler & tripler enfin. Nous y entraſmes le vendredy 16ᵉ de Septemb. 1580 à deux heures après midi. Ce lieu eſt aſſis aux confins de la Lorreine & de l'Allemagne dans une fondriere, entre pluſieurs collines

____

(*a*) Eſpinal *ou* Epinal.
(*b*) Plombieres. *Voyez* l'Hiſtoire des Eaux de Plombieres, par Dom Calmet.

hautes & coupées, qui le ſerrent de tous coſtés. Au fond de cette vallée naiſſent pluſieurs fonteines tant froi-des naturelles, que chaudes : l'eau chaude n'a nulle ſenteur ny gouſt, & eſt chaude tout ce qui s'en peut ſouffrir au boire, de façon que M. de Mon-taigne eſtoit contraint de la remuer de verre à autre. Il y en a deux ſeulement de quoi on boit. Celle qui tourne le cul à l'orient & qui produit le being qu'ils appellent *le being de la reine*, laiſſe en la bouche quelque gouſt doux comme de regaliſſe ſans autre deboire, ſi ce n'eſt que ſi on s'en prent garde fort attentivement, il ſembloit à M. de Montaigne qu'elle rapportoit je ne ſçay quel gouſt de fer. L'autre qui ſourd du pied de la montagne oppoſite, de quoi M. de Montaigne ne but qu'un ſeul jour, a un peu d'aſpreté, & y peut-on de-couvrir la ſaveur de l'alun. La façon du païs, c'eſt ſeulement de ſe beingner

deux

deux ou trois fois le jour. Aucuns prennent leur repas au being, où ils se font communement ventouser & scarifier, & ne s'en servent qu'après s'estre purgés. S'ils boivent, c'est un verre ou deux dans le being. Ils trouvoint estrange la façon de M. de Montaigne, qui sans médecine précédente en beuvoit neuf verres, qui revenoint environ à un pot, tous les matins à sept heures; disnoit à midy; & les jours qu'il se beingnoit, qui estoit de deux jours l'un, c'estoit sur les quatre heures, n'arrestant au being qu'environ un heure. Et ce jour là il se passoit volontiers de soupper. Nous vismes des hommes gueris d'ulceres, & d'autres de rougeurs par le corps. La coustume est d'y estre pour le moins un mois. Ils y louent beaucoup plus la saison du printemps en May. Ils ne s'en servent guiere après le mois d'Aoust, pour la froideur du climat; mais nous

Tome I.   B

y trouvafmes encore de la compaignie, à caufe que la fecherefle & les
chaleurs avoint eftés plus grandes &
plus longues que de couftume. Entre
autres , M. de Montaigne contracta
amitié & familiarité avec le feigneur
d'*Andelot* , de la Franche-Conté ,
duquel le pere eftoit grand efcuyer
de l'empereur Charle cinquiefme , &
lui premier marefchal de camp de
l'armée de Don Jouan d'Auftria (*a*),
& fut celui qui demeura gouverneur
de St. Quintin lorfque nous la per-
difmes. Il avoit un endroit de fa
barbe tout blanc & un cofté de four-
cil; & récita à M. de Montaigne que
ce changement lui eftoit venu en un
inftant , un jour eftant ches lui plein
d'ennui pour la mort d'un fien frere
que le duc d'Albe avoit faict mourir
comme complice des Contes d'Egue-

____

(*a*) Jean d'Autriche , fils naturel de
Charles-Quint,

mont (*a*) & de Hornes, qu'il tenoit
sa teste appuyée sur sa main par cet
endroit, de façon que les assistans
pensarent que ce fut de la farine qui
lui fut de fortune tombée là. Il a
depuis demeuré en cette façon (*b*).
Ce being avoit autrefois été fréquenté

(*a*) D'Egmont.

(*b*) » *Ludovic Sforce*, surnommé *le*
» *More*, parce qu'il étoit basanné, prêt
» de se rendre maître de Milan, se vit
» tout-à-coup abandonné par les Suisses
» qu'il avoit dans ses troupes à la vue de
» l'armée du roi (*Louis XII*), comman-
» dée par Louis de la Trémouille, & s'é-
» tant déguisé en soldat pour se sauver, il
» fut reconnu & envoyé au roi, qui étoit
» à Lyon, & qui le fit mettre dans un
» cachot, sans le voir. On rapporte que ce
» malheureux prince se ressouvenant à
» quel point il avoit offensé le roi, fut
» saisi d'une si forte appréhension de la
» mort, que la nuit même son poil, qui
» étoit fort noir, en devint tout blanc ; de
» sorte que le lendemain ses gardes le mé-

par les Allemans seulement ; mais depuis quelques ans ceux de la Franche-Conté & plusieurs François y arrivent à grand foule. Il y a plusieurs beings, mais il y en a un grand & principal basti en forme ovalle d'un' antienne structure. Il a trente-cinq pas de long & quinze de large. L'eau chaude sourd par le dessoubs à plusieurs surgeons, & y faict on par le dessus escouler de l'eau froide pour moderer le being, selon la volonté de ceux qui s'en servent. Les places y sont distribuées par les costés avec des barres suspendues, à la mode de nos équiries, & jette on des ais par le dessus pour eviter le soleil & la pluye. Il y a tout autour des beings trois ou quatre degrés de marches de pierre à la mode d'un théatre, où ceux qui se

---

» connurent, & s'imaginerent que c'étoit » un autre homme ». *Abrégé de Mézeray.*

beingnent peuvent eſtre aſſis ou ap-
puyés. On y obſerve une ſinguliere
modeſtie , & ſi eſt indécent aux
hommes de s'y mettre autrement que
tous nuds, ſauf un petit braiét, &
les fames ſauf une chemiſe. Nous
logeames à l'Ange qui eſt le meilleur
logis , d'autant qu'il reſpond aux deux
beings. Tout le logis où il y avoit
pluſieurs chambres ne couſtoit que
quinze ſolds par jour. Les hoſtes four-
niſſent partout du bois pour le marché ; mais le païs en eſt ſi plein qu'il
ne couſte qu'à coupper. Les hoſteſſes
y font fort bien la cuiſine. Au temps
de grand preſſe ce logis eut couſté un
eſcu le jour, qui eſt bon marché. La
nourriture des chevaus à ſept ſolds.
Tout autre ſorte de deſpence à
bonne & pareille raiſon. Les logis n'y
ſont pas pompeus, mais fort commodes ; car ils font , par le ſervice
de force galeries, qu'il n'y a nulle
ſujection d'une chambre à l'autre

Le vin & le pain y font mauvais.
C'eſt une bonne nation, libre, ſen-
ſée, officieuſe. Toutes les loix du
païs ſont religieuſement obſervées.
Tous les ans ils refreſchiſſent dans
un tableau audevant du grand being,
en langage Allemand & en langage
François, les lois cy-deſſoubs eſ-
crites.

*Claude de Rynach, chevalier, ſei-
gneur de St. Baleſmont, Montu-
reulz en Ferrette, Lendacourt, &c.
conſeillier & chambellan de noſtre
ſouverain ſeigneur monſeigneur le
Duc &c. & ſon bally de Voſges :*

» Sçavoir faiſons, que pour
» le repos aſſeuré & tranquilité de
» pluſieurs dames & autres perſon-
» nages notables affluans de pluſieurs
» regions & païs en ces beings de
» Plommieres, avons, (ſuivant l'in-
» tention de ſon Alteſſe), ſtatué &

» ordonné, statuons & ordonnons ce
» qui suit :

 » Sçavoir est, que l'antienne dis-
» cipline de correction pour les fautes
» legieres demeurera ès mains des
» Allemands, comme d'antienneté ;
» ausquels est enjoint faire observer
» les cérimonies, status & polices
» desquelles ils ont usé pour la de-
» coration desdits beings & punition
» des fautes qui seront commises par
» ceux de leurs nations, sans excep-
» tion de personnes, par forme de
» rançon, & sans user d'aucuns blas-
» phemes & autres propos irreverens
» contre l'église catholicque & tradi-
» tions d'icelle.

 » Inhibiton est faite à toutes per-
» sonnes, de quelle qualité, condi-
» tion, region, & province qu'ils
» soient, se provocquer de propos in-
» jurieus & tendans à querelle, por-
» ter armes esdits beings, donner
» desmanty, ny mettre la main aus

B iv

» armes, à peinne d'estre punys grief-
» vement, comme infracteurs de
» sauve-guarde, rebelles & désobéis-
» sans à son Altesse.

» Aussi à toutes filles prostituées &
» impudicques d'entrer ausdits beings
» ny d'en approcher de cinq cens pas,
» à peine du fuët des quattre carres (*a*)
» desdits beings. Et sur les hostes qui
» les auront reçeues ou recelés, d'em-
» prisonnemant de leurs personnes &
» d'amande arbitraire.

» Soubs mesme peinne est défendu
» à tous user envers les dames, da-
» moiselles & autres fames & filles,
» estans ausdits beings, d'aucuns pro-
» pos lascifs ou impudiques, faire au-
» cuns attouchemens deshonnestes,
» entrer ni sortir desdits beings irre-
» veremment contre l'honnesteté pu-
» blique.

(*a*) Du fouët aux quatre coins.

» Et parceque , par le benefice def-
» dits beings, Dieu & nature nous
» procurent plufieurs guerifons &
» foulagemans , & qu'il eft requis
» une honnefte mundicité & pureté ,
» pour obvier à plufieurs conta-
» gions & infections que s'y pour-
» roint engendrer , eft ordonné ex-
» preffément au maiftre defdits
» beings , prendre foingneufe garde
» & vifiter les corps de ceux qui y
» entreront, tant de jour que de nuict,
» les faifant contenir en modeftie &
» filence pendant la nuict, fans bruict,
» fcandal ni derifion. Que fi aucun
» perfonnage ne lui eft à ce faire
» obeiffant , il en face prompte déla-
» tion au magiftrat , pour en faire
» punition exempleiremant.

   » Au furplus eft prohibé & défen-
» du à toutes perfonnes venans de
» lieus contagieus , de fe préfenter
» ny approcher de ce lieu de Plom-
» mieres, à peine de la vie; enjoingnant

B v

» bien expreſſemant aus mayeurs &
» gens de juſtice d'y prendre ſoin-
» gneuſe garde , & à tous habitans
» dudiɛt lieu de nous donner billets
» contenans les noms & ſurnoms &
» reſidence des perſonnes qu'ils au-
» ront reçeus & logés , à peine de
» l'empriſonnemant de leurs perſon-
» nes.

» Toutes leſquelles ordonnances
» ci deſſus declarées ont eſté cejour-
» dhui publiées audevant du grand
» being dudit Plommieres , & copies
» d'icelles fichées tant en langue
» françoiſe qu'allemande , au lieu
» plus proche & plus apparent du
» grand being , & ſigné de nous
» *Bally de Voſges*. Donné audit
» Plommieres le 4ᵉ. jour du mois de
» Mai l'an de grace Notre Seigneur
» mille cinq cens . . . . »

le nom du Bally.

Nous arreſtames audiɛt lieu depuis

ledict jour 18ᵉ. jusques au 27ᵉ. de
Septembre. M. de Montaigne beut
onze matinées de ladicte eau, neuf
verres huict jours, & sept verres trois
jours, & se beigna cinq fois *(a)*. Il
trouva l'eau aysée à boire & la ran-
doit tous-jours avant disner. Il n'y
connut nul autre effect que d'uriner.
L'appetit, il l'eut bon; le sommeil,
le ventre, rien de son état ordinaire
ne s'empira par cette potion. Le si-
xiesme jour il eut la colicque très ve-
hemente, & plus que les siennes ordi-
neres, & l'eut au costé droit, où il
n'avoit jamais senty de doleur qu'une
bien legiere à Arsac, sans opération.
Cette ci lui dura quattre heures, &

(*a*) Montaigne étoit devenu fort sujet
à la colique néphrétique & à la gravelle,
par la libéralité des ans, comme il dit:
Essais, *liv.* 2, *ch.* 37. Il estimoit le bain
très-salubre.

B vj

en sentit evidemmant l'opération &
l'écoulement de la pierre par les
ureteres & bas du ventre. Les deux
premiers jours, il rendit deux petites
pierres qui estoint dedans la vessie &
depuis par fois du sable. Mais il partit
desdicts beings estimant avoir encore
en la vessie & la pierre de la susdite colicque, & autres petites, desquelles il
pensoit avoir senty la descente. Il
juge l'effect de ces eaus & leur qualité pour son regard fort pareilles à
celle de la fontaine haute de Banie-
res où est le being. Quant au being,
il le trouve de tres douce temperature;
& de vray les enfans de six mois &
d'un an, sont ordinairement à gre-
nouiller dedans. Il suoit fort & dou-
cement. Il me commanda, à la faveur
de son hostesse, selon l'humeur de la
nation, de laisser un escusson de ses
armes en bois, qu'un pintre dudit
lieu fit pour un escu, & le fit l'hostesse

curieufemant attacher à la muraille par le dehors (*a*). Ledit jour 27e de Septembre , après difner , nous partimes & paffames un païs montaigneus , qui retentiffoit partout foubs les pieds de nos chevaus , comme fi nous marchions fur une voûte ; & fembloit que ce fuffent des tabourins qui tabourdaffent autour de nous & vinfmes coucher à

REMIREMONT, deux lieues. Belle petite ville & bon logis à la Licorne ; car toutes les villes de Lorrene , (c'eft la derniere) ont les hoftelleries autant commodes & le tretemant auffi bon qu'en nul endroit de France. Là eft cette Abbaïe de relligieufes fi fameufe , de la condition de celles que j'ay dittes de Pouffai.

(*a*) Les armes de Montaigne étoient d'azur femé de trefles d'or à une *patte* de lion de même , armée de gueule mife en fafce. *Effais , liv.* 1 *, ch.* 46.

Elles pretendent , contre M. de Lorrene , la souveraineté & principauté de cette ville (*a*). MM. d'Estissac & de Montaigne les furent voir soudain après estre arrivés , & visitarent plusieurs logis particuliers , qui sont très beaux & très bien meublés. Leur abbesse estoit morte , de la maison d'Inteville , & estoit-on après la creation d'une autre , à quoi prétendoit la sœur du conte de Salmes. Ils furent voir la doïene qui est de la maison de Lutre (*b*), qui avoit faict

---

(*a*) L'Abbesse se qualifie, *N... par la Grace de Dieu , humble Abesse & Souveraine ae Remiremont , Princesse du Saint Empire :* mais ces qualités fastueuses , apparemment mal fondées , furent interdites aux Abbesses de ce Chapitre , par un Arrêt de la Cour Souveraine & Parlement de Lorraine , du 19 Avril 1738. *Voyez* le *Code Stanislas* , tome I.

(*b*) Ludre.

cet honneur à M. de Montaigne,
d'envoyer le visiter aux beings de
Plommieres, & envoïer des artichaus, perdris, & un barril de vin.
Ils apprindrent là, que certeins villages voisins leur doivent de rente
deux bassins de nege, tous les jours
de Pentecouste ; & à faute de ce,
une charrette attelée de quatre beufs
blancs. Ils disent que cette rante de
nege ne leur manque jamais; si est
qu'en la saison que nous y passames
les chaleurs y estoint aussi grandes
qu'elles soint en nulle saison en
Guascogne. Elles n'ont qu'un voile
blanc sur la teste & audessus un petit
loppin de crépe. Les robes, elles les
portent noires de telle etoffe & façon
qu'il leur plaist, pendant qu'elles
sont sur les lieux; ailleurs, de cou-
leur ; les cotillons à leur poste, &
escarpins & patins; coeffées au dessus de leur voile, comme les autres.
Il leur faut estre nobles de quatre

races du coté de pere & de mere. Ils prindrent congé d'elles dès le soir. Lendemein au point du jour, nous partifmes de là. Comme nous eftions à cheval, la doïenne envoïa un gentil'homme vers M. de Montaigne, le priant d'aller vers elle, ce qu'il fit; cela nous arrefta une heure. La compagnie de ces dames lui dona procuration de leurs affaires à Rome. Au partir de là, nous fuivimes longtems un très beau & très plaifant vallon, coutoiant la riviere de Mofelle & vinfmes difner à

BOSSAN (*a*), quatre lieues. Petit

(*a*) Buffang, Buffan. On y a découvert depuis des eaux minérales qui ont de la vogue. Le Médecin *J. le Maire*, en a fait un Effay Analytique, imprimé à Remiremont en 1750, *in-12*. Douze ans auparavant *François-Joseph Payen*, Médecin, avoit publié à Befançon fes *Quæftiones Medicæ circa acidulas Buffanas*, dédiées au Roi Staniflas, Duc de Lorraine.

meſchant village , le dernier du langage françois , où MM. d'Eſtiſſac &
de Montaigne revetus de ſouguenies
de toile qu'on leur préta , allarent
voir des mines d'argent , que M. de
Lorrene a là, bien deux mille pas dans
le creus d'une montaigne. Après
diſner , nous ſuivimes par les montaignes où on nous monſtra , entre
autres choſes, ſur des rochers inac-
ceſſibles , les aires où ſe prennent les
autours , & ne coutent là que trois
teſtons du païs , & la ſource de la
Moſelle; & vinſmes ſouper à

TANE (a), quatre lieuës. Premiere ville d'Allemagne , ſujette à
l'Empereur , très belle. Lendemein
au matin, trouvames une belle &
grande plene flanquée à main gauche
de couraus pleins de vignes , les plus
belles & les mieux cultivées , & en
telle eſtandue , que les Guaſcons qui

(a) Thann.

estoint là, disoint n'en avoir jamais veu tant de suite. Les vandanges se faisoint lors : nous vinsmes disner à

MELHOUSE, deux lieues. Une belle petite ville de Souisse, du quanton de Bale. M. de Montaigne y alla voir l'église ; car ils n'y sont pas catholiques. Il la trouva, comme en tout le païs, en bonne forme ; car il n'y a quasi rien de changé ; sauf les autels & images qui en sont à dire, sans difformité. Il print un plesir infini à voir la liberté & bonne police de cette nation, & son hoste du Reisin (*a*) revenir du conseil de laditte ville & d'un palais très magnifique & tout doré, où il avoit présidé, pour servir ses hostes à table ; & un home sans suite & sans authorité, qui lui

---

(*a*) C'est-à-dire, dont l'enseigne étoit un *raisin.*

fervoit à boire, avoit mené quattre enfeignes de gens de pied contre le fervice du roy, fous le Cafemir (*a*) en France, & eftre panfionnere du Roy à trois cens efcus par an, il y a plus de vint ans. Lequel feigneur lui recita à table, fans ambition & affectation, fa condition & fa vie : lui dit, entre autres chofes, qu'ils ne font nulle difficulté, pour leur religion, de fervir le roy contre les huguenòts mefmes ; ce que plufieurs autres nous rendirent en notre chemin, & qu'à notre fiege de la Fere il y en avoit plus de cinquante de leur ville ; qu'ils epoufent indifferemment les fames de notre religion au preftre, & ne les contreignent de changer. Delà après difné nous

____

(*a*) *Jean Cafmir*, fils de Louis, Electeur & Comte Palatin, qui amena des troupes d'Allemagne aux Huguenots de France, fous Charles IX, en 1567.

suivimes un païs beau , plein , très
ferrile , garny de plusieurs beaus villages & hosteleries , & nous rendismes à coucher à

BASLE , trois lieues. Belle ville
de la grandeur de Blois ou environ,
de deux pieces ; car le Rein traverse
par le milieu sous un grand & très-lar-
ge pont de bois. La seigneurie fit cest
honneur à MM. d'Estissac & de Montaigne que de leur envoyer par l'un
de leurs officiers de leur vin , avec
une longue harangue qu'on leur fit
estant à table , à laquelle M. de Montaigne respondit fort long-temps , estans descouvers les uns & les autres,
en presence de plusieurs Allemans
& François qui estoint au poisle avecques eus. L'hoste leur servit de tru-
chement. Les vins y sont fort bons.
Nous y vismes de singulier la maison d'un médecin nommé *Fœlix Pla-*
terus , la plus pinte & enrichie de
mignardise à la Françoise qu'il est

poſſible de voir ; laquelle ledit médecin a bâtie fort grande , ample &
ſumptueuſe. Entre autres choſes , il
dreſſe un livre de ſimples qui eſt des-
ja fort avancé *(a)* ; & au lieu que les
autres font pindre les herbes ſelon
leurs couleurs , lui a trouvé l'art de
les coler toutes naturelles ſi propremant ſur le papier , que les moindres feuilles & fibres y apparoiſſent ,
come elles ſont , & il feuillette ſon
livre , ſans que rien en eſchappe ; &
monſtra des ſimples qui y eſtoint
collés , y avoit plus de vint ans. Nous
viſmes auſſi & ches luy & en l'eſco-
le publique des anatomies entieres
d'homes morts qui ſe tiennent. Ils
ont cela que leur horologe dans la
ville, non pas au fauxbourgs , ſone

***

(*a*) On a de ce Médecin Suiſſe un aſſez
grand nombre d'Ouvrages; mais nous ne
connoiſſons rien de lui ſur les Plantes.

tousjours les heures d'une heure avant le temps. S'il fone dix heures, ce n'eft à dire que neuf : parce, difent-ils, qu'autrefois une tele faute de leur horologe fortuite preferva leur ville d'une entreprife qu'on y avoit faite. *Bafilee* s'appelle non du mot grec, mais parceque *bafe* fignifie *paffage* en Allemant. Nous y vifmes force de gens de fçavoir, come *Grineus (a)*, & celui qui a faict le *Theatrum (b)*, & ledit medecin (*Platerus*), & *François Hottoman (c)*. Ces

---

(*a*) Simon Grynæus, dont on a un éloge de la Médecine en latin, *Eucomion Medicinæ*, imprimé à Bâle en 1592, & une édition des Traités d'Aphrodifée & de Damafcene fur les fiévres.

(*b*) Eft-ce le *Theatrum vitæ humanæ*, le *Theatrum Anatomicum*, &c ? Il y a tant d'Ouvrages fous ce titre.

(*c*) C'eft *François Hotman*, Jurifconfulte célébre, que fes écoliers fauverent

deux derniers vindrent foupper avec
Meffieurs, lendemein qu'ils furent
arrivés. M. de Montaigne jugea qu'ils
eftoint mal d'accord de leur religion,
pour les refponfes qu'il en receut :
les uns fe difant Zuingliens, les autres Calviniftes, & les autres Mar-
tiniftes (a); & fi fut averty que plufieurs couvoint encore la religion romene dans leur cœur. La forme de
donner le facremant, c'eft en la bouche communément : toutefois tend
la main qui veut, & n'ofent les miniftres remuer cette corde de ces dif-
férences de religions. Leurs églifes
ont au dedans la forme que j'ai dict
ailleurs. Le dehors eft plein d'images & les tumbeaus antiens entiers,

____

du maffacre de la faint Barthelemy, &
& qui fe retira d'abord à Geneve, puis à
Bâle, où il mourut en 1590.

(a) C'eft-à-dire Luthériens, de *Martin*
Luther.

où il y a prieres pour les ames des trespassés. Les orgues, les cloches, & les crois des clochiers, & toute sorte d'images aus verrieres y sont en leur entier & les bancs & sieges du cœur. Ils mettent les fons baptismaus à l'antien lieu du grand autel, & font bastir à la teste de la nef un autre autel, pour leur cene ; celui de Basle est d'un très beau *plan*. L'église des Chartreus, qui est un très beau basti-mant, conservée & entretenue curieu-semant ; les ornemans mesmes y sont & les meubles, ce qu'ils alleguent pour resmoingner leur fidelité, estant obli-gés à cela par la foy qu'ils donnarent lors de leur *accord*. L'évesque du lieu qui leur est fort ennemi, est logé hors de la ville en son diocese, & main-tient la pluspart du reste, en la cam-paigne, en la religion antienne, jouit de bien 50000 liv. de la ville, & se continue l'élection de l'évesque.

Plusieurs

Plusieurs se pleinsirent à M. de Montaigne de la dissolution des fames & yvrognerie des habitans. Nous y vismes tailler un petit enfant d'un pauvr'home pour la rupture (*a*), qui fut treté bien rudemant par le chirurgien. Nous y vismes une très-belle librerie publicque sur la riviere & en très-belle assiette. Nous y fumes tout le lendemein, & le jour après y disnames & prinsmes le chemin le long du Rhin deux lieues ou environ; & puis le laissames sur la main gauche suivant un païs bien fertile & assés plein. Ils ont une infinie abondance de fonteines en toute cette contrée; il n'est village ny carrefour où il n'y en aye de très belles. Ils disent qu'il y en a plus de trois cens à Basle de conte faict. Ils sont si accoustumés aus galeries, mesmes

______

(*a*) Ou la hernie ombilicale.

vers la Lorreine , qu'en toutes les maisons ils laissent entre les feneſtres des chambres hautes des portes qui reſpondent en la rue , attendant d'y faire quelque jour des galeries. En toute cette contrée, depuis Eſpiné (*a*) il n'eſt ſi petite maiſon de village qui ne ſoit vitrée , & les bons logis en reçoivent un grand ornemant , & au dedans & au dehors, pour en eſtre fort accomnodées , & d'une vitre ouvrée en pluſieurs façons. Ils y ont auſſi foiſon de fer & de bons ouvriers de cette matiere : ils nous ſurpaſſent de beaucoup, & en outre il n'y a ſi petite égliſe , où il n'y ait un horologe & quadran magnifiques. Ils ſont auſſi excellens en tuillieres , de façon que les couvertures des maiſons ſont fort embellies de bigarrures de tuillerie plombée en divers ouvrages, & le pavé de leurs chambres; & il

---

(*a*) Eſpinal.

n'eſt rien plus délicat que leurs poiles
qui ſont de potterie. Ils ſe ſervent
fort de ſapin & ont de très bons artiſans de charpenterie ; car leur fu-
taille eſt toute labourée & la pluſpart
vernie & pinte. Ils ſont ſumptueux
en poiles , c'eſt-à-dire , en ſales communes à faire le repas. En chaque
ſale , qui eſt très-bien meublée d'ailleurs , il y aura volantiers cinq ou ſix
tables équipées de bancqs , là où tous
les hoſtes diſnent enſemble , chaque
trope en ſa table. Les moindres logis
ont deux ou trois telles ſalles très-
belles. Elles ſont fort perſées & ri-
chement vitrées ; mais il paroiſt bien
qu'ils ont plus de ſouyn de leurs diſ-
ners que du demeurant : car les chambres ſont bien auſſi chetifves. Il n'y
a jamais de rideaus aux licts , & tous-
jours trois ou quatre licts tous join-
gnans l'un l'autre , en une chambre ;
nulle cheminée , & ne ſe chauffe-
t'on qu'en commun , & aus poiles :

car ailleurs nulles nouvelles de feu,
& treuvent fort mauvais qu'on aille
en leurs cuisines. Estans très mal
propres au service des chambres :
car bien heureux qui peut avoir un
linceul blanc, & le chevet à leur
mode n'est jamais couvert de linceul,
& n'ont guiere autre couverte qu'une
d'une coite, cela bien sale. Ils sont
toutefois excellans cuisiniers, notamment de poisson. Ils n'ont nulle de-
fense du serein ou du vent, que la
vitre simple, qui n'est nullement
couverte de bois, & ont leurs maisons fort percées & cleres, soit en
leurs poiles, soit en leurs chambres,
& eus ne ferment guiere les vitres
mesmes la nuit. Leur service de table
est fort différent du nostre. Ils ne se
servent jamais d'eau à leur vin, &
ont quasi raison; car leurs vins sont
si petits, que nos gentilshommes les
trouvoint encore plus foibles que
ceux de Guascongne fort baptisés, &

si ne laissent pas d'estre bien delicats. Ils font disner les valets à la table des maistres, ou à une autre table voisine quant & quant eus : car il ne faut qu'un valet à servir une grande table, d'autant que chacun ayant son gobelet ou tasse d'argent en droit sa place, celui qui sert se prend garde de remplir ce gobelet aussitost qu'il est vuide, sans le bouger de sa place, y versant du vin de loin à tout (*a*) un vaisseau d'estain ou de bois qui a un long bec. Et quant à la viande, ils ne servent que deux ou trois plats au coupon, ils meslent diverses viandes ensamble bien apprestées & d'une distribution bien esloingnée de la nostre, & les servent par fois les uns sur les autres, par le moyen de certains instrumens de fer qui ont des longues jambes. Sur cet instrument il y a un plat & audessoubs un

____

(*a*) Avec.

C iij

autre. Leurs tables ſont fort larges &
rondes, & carrées, ſi qu'il eſt mal
ayſé d'y porter les *plats*. Ce valet
deſſer ayſéemant ces plats tout d'un
coup, & on ſert autres deux, juſques
à ſix ou ſept tels changemans. Car
un plat ne ſe ſert jamais que l'autre
n'en ſoit hors ; & quant aux aſſietes,
comme ils veulent ſervir le fruit, ils
ſervent au milieu de la table, après
que la viande eſt oſtée, un panier de
cliſſe (*a*) ou un grand plat de bois
peint, dans lequel panier le plus apparent jete le premier ſon aſſiete &
puis les autres : car en cela on obſerve fort le rang d'honneur. Le
panier ce valet l'emporte ayſéemant,
& puis ſert tout le fruit en deux
plats, comme le reſte, peſle meſle,
& y meſlent volentiers des rifors (*b*),

(*a*) D'oſier.

(*b*) Raifort, ou refort, radis, groſſe
rave.

comme des poires cuites parmi le
rosti. Entre autres choses, ils font
grand honneur aus ecrevisses, & en
servent un plat tousjours couvert par
priviliege, & se les entrepresentent:
ce qu'ils ne font guiere d'autre
viande. Tout ce païs en est pourtant
plein, & s'en sert à tous les jours,
mais ils l'ont en délices. Ils ne donnent point à laver à l'issue & à l'entrée; chacun en va prandre à une
petite eguiere attachée à couin de la
sale, comme ches nos moines. La
pluspart servent des assietes de bois,
voire & des pots de bois & vesseaux
à pisser, & cela net & blanc ce qu'il
possible. Autres sur les assietes de
bois y en ajoutent d'étain jusques au
dernier service du fruit, où il n'en
y a jamais que de bois. Ils ne servent
le bois que par coustume; car là mesme où ils le servent ils donnent des
gobelets d'argent à boire, & en ont
une quantité infinie. Ils netoyent &

C iv

fourbissent exactement leurs meubles
de bois, jusques aus planchiers des
chambres. Leurs licts sont eslevés si
hauts, que communéemant on y
monte par degrés, & quasi par tout
des petits licts audessoubs des grands.
Com'ils sont excellans ouvriers de
fer, quasi toutes leurs broches se
turnent par ressors ou par moyen des
poids, comme les horologes, ou
bien par certenes voiles de bois de
sapin larges & legieres qu'ils logent
dans le tuïau de leurs cheminées, qui
roulent d'une grande vitesse au vent
de la fumée & de la vapeur du feu ;
& font aler le rost mollemant & lon-
guemant : car ils assechissent (*a*) un
peu trop leur viande. Ces molins à
vent ne servent qu'aus grandes hostelleries où il y a grand feu, comme
à Bade. Le mouvemant en est très

(*a*) Dessechent.

uni & très conſtant. La pluſpart des
cheminées, depuis la Lorrenne, ne
ſont pas à noſtre mode; ils eſlevent
des foyers au milieu ou au couin
d'une cuiſine, & amployent quaſi
toute la largeur de cette cuiſine au
tuïau de la cheminée. C'eſt une grande ouverture de la largeur de ſept ou
huiƈt pas en carré qui ſe va aboutiſ-
ſant juſques au haut du logis. Cela
leur donne eſpace de loger en un
andret leur grand voile qui chez nous
occuperoit tant de place en nos
tuïeaus, que le paſſage de la fumée
en ſeroit empeſché. Les moindres
repas ſont de trois ou quatre heures
pour la longeur de ces ſervices; & à
la vérité ils mangent auſſi beaucoup
moins hativement que nous & plus
ſeinement. Ils ont grande abondance
de toutes ſortes de vivres de cher &
de poiſſon & couvrent fort ſumptueu-
ſement ces tables, au moins la noſtre.
Le vendredy on ne ſervit à perſonne

C v

de la cher , & ce jour là ils difent qu'ils n'en mangent pouint volantiers. La charté pareille qu'en France autour de Paris. Les chevaus ont plus d'avoine d'ordinere qu'ils n'en peuvent manger. Nous vinfmes coucher à

HORNES , quatre lieues. Un petit village de la duché d'Auftriche. Lendemein qui eftoit dimenche, nous y ouymes la meffe , & y remerquay cela que les fames tiennent tout le cofté gauche de l'églife & les homes le droit, fans fe mefler. Elles ont plufieurs ordres de bancs de travers les uns après les autres de la hauteur pour fe feoir. Là elles fe mettent de genous & non à terre, & font par conféquent come droites; les homes ont outre cela devant eus des pieces de bois de travers pour s'appuyer, & ne fe mettent non plus à genous que fur les fieges qui font davant eux. Au lieu que nous joingnons les mains

pour prier Dieu à l'eſlevation, ils les
eſcartent l'une de l'autre toutes ouvertes, & les tiennent ainſi eſlevées
juſques à ce que le preſtre monſtre
la paix. Ils preſentarent à MM. d'Eſtiſſac & de Montaigne le troiſieſme
banc des homes, & les autres au
deſſus d'eus furent après ſeſis par les
homes de moindre apparence, come
auſſi du coſté des fames. Il nous ſambloit qu'aus premiers rangs ce n'eſtoit pas les plus honorables. Le tru-
chement & guide que nous avions
pris à Baſle, meſſagier juré de la
ville, vint à la meſſe avec nous, &
montroit à ſa façon y eſtre avec une
grande devotion & grand deſir. Après
diſner, nous paſſames la riviere d'A-
rat à Broug (a), belle petite ville de
MM. de Berne, & delà vinſmes voir
une abbaïe (b) que la reine Catherine

(a) Aar. Bruck.
(b) C'eſt la célébre Abbaye de Mouri.

de Honguerie donna aus seigneurs de Berne l'an 1524, où sont enterrés Leopold, archiduc d'Austriche, & grand nombre de gentilshomes qui furent deffaits avec lui par les Souisses l'an 1386. Leurs armes & noms y sont encore escris, & leurs despouilles maintenues curieusemant. M. de Montaigne parla là à un seigneur de Berne qui y commande, & leur fit tout monstrer. En cette abbaïe il y a des miches de pain toutes prettes & de la souppe pour les passans qui en demandent, & jamais n'en y a nul refusé de l'institution de l'abbaïe. Delà nous passames à un bac qui se conduit avec une polie de fer attachée à une corde haute qui traverse la riviere de Reix qui vient du lac de Lucerne, & nous randismes à

Voyez la vie de Dom Calmet, *liv.* I, *p.* 110, 111, édit. de Senones, 1772 : & son *Diarium Helveticum*, Itinéraire Suisse.

BADE, quatre lieues, petite ville & un bourg à part où font les beings. C'eft une ville catholicque fous la protection des huict cantons de Souiffe, en laquelle il s'eft faict plufieurs grandes affemblées de princes. Nous ne logeames pas en la ville, mais audit bourg qui eft tout au bas de la montaigne le long d'une riviere, ou un torrent pluftot, nommé Limaq, qui vient du lac de Zuric. Il y a deux ou trois beings publicques decouvers, de quoi il n'y a que les pauvres gens qui fe fervent. Les autres en fort grand nombre font enclos dans les maifons, & les divife t'on & départ en plufieurs petites cellules particulieres, clofes & ouvertes qu'on loue avec les chambres : lefdites cellules les plus délicates & mieux accommodées qu'il eft poffible, y attirant des veines d'eau chaude pour chacun being. Les logis très magnifiques. En

celui où nous logeames, il s'est veu
pour un jour trois cens bouches à
nourrir. Il y avoit encore grand
compaignie , quand nous y estions,
& bien cent septante licts qui servoint aux hostes qui y estoint. Il y a
dix sept poiles & onze cuisines, &
en un logis voisin du nostre , cinquante chambres meublées. Les murailles des logis sont toutes revestues
d'escussons des gentils hommes qui
y ont logé. La ville est au haut audessus de la croupe , petite & très-
belle comme elles sont quasi toutes
en cette contrée. Car outre ce qu'ils
font leurs rues plus larges & ouvertes que les nostres , les places plus
amples , & tant de fenestrages richemant vitrés par tout , ils ont telle
coutume de peindre quasi toutes les
maisons par le dehors , & les chargent de desvises qui rendent un très
plesant prospect : outre ce que il n'y
a nulle ville où il n'y coule plusieurs

ruisseaus de fonteines, qui font esse-
vées richemant par les carrefours, ou
en bois ou en pierre. Cela faict pa-
rétre leurs villes beaucoup plus belles
que les Françoises. L'eau des beings
rend un odeur de foufre à la mode
d'Aigues caudes (*a*) & autres. La
chaleur en est moderée comme de
Barbotan (*b*) ou Aigues caudes, &
les beings à cette caufe fort dous &
plefans. Qui aura à conduire des dames qui fe veuillent beingner avec
respect & délicatesse , il les peut
mener là, car elles font aussi seules au
bein, qui famble un très riche cabinet, cler, vitré, tout au tour revetu
de lambris peint & planché très
propremant ; à tout (*c*) des sieges &

(*a*) Eaux thermales fur la montagne
d'Offau en Bearn.

(*b*) Eaux thermales dans le Comté
d'Armagnac.

(*c*) Avec.

des petites tables pour lire ou jouer
ſi on veut etant dans le bein. Celuj
qui ſe beingne , vuide & reçoit autant d'eau qu'il lui plaiĉt ; & a t'-on
les chambres voiſines chacune de ſon
bein , les proumenoers beaus le long
de la riviere , outre les artificiels
d'aucunes galeries. Ces beings ſont
aſſis en un vallon commandé par les
coſtés de hautes montaignes , mais
toutefois pour la pluſpart fertiles &
cultivées. L'eau au boire eſt un peu
fade & molle , come une eau bat-
tue , & quant au gouſt elle ſent au
ſouffre ; elle a je ne ſcay quelle pi-
cure de ſalure (*a*). Son uſage à ceus
du païs eſt principalemant pour ce
being , dans lequel ils ſe font corneter (*b*) & ſeigner ſi fort , que j'ay
veu les deux beings publicques par-

(*a*) C'eſt-à-dire , eſt *acidule* , pi-
quante.
(*b*) Ventouſer.

fois qui sembloint estre de pur sang.
Ceux qui en boivent à leur coutume,
c'est un verre ou deux pour le plus.
On y arréte ordinairement cinq ou
six sepmaines, & quasi tout le long
de l'esté ils sont fréquentés. Nulle
autre nation ne s'en ayde, ou fort
peu que l'Allemande; & ils y viennent à fort grandes foules. L'usage
en est fort antien, & duquel Tacitus
faict mantion (*a*); il en chercha tant
qu'il peut la maitresse source & n'en
peut rien apprendre (*b*); mais de ce
qu'il samble, elles sont toutes fort
basses & au niveau quasi de la riviere.
Elle est moins nette que les autres

(*a*) Histoire, *liv.* 1, *n°.* 67. *Locus
amœno salubrium aquarum usu frequens.*

(*b*) Je ne sais où l'Ecrivain a pris cela.
La mémoire trompoit quelquefois Montaigne, comme tous ceux qui citent beaucoup ; car on ne peut mettre cette érudition que sur son compte.

eaus que nous avons veu ailleurs, &
charrie en la puisant certenes petites
filandres fort menues. Elle n'a point
ces petites etincelures qu'on voit
briller dans les autres eaus souffrées,
quand on les reçoit dans le verre,
& comme dit le seigneur Maldonat,
qu'ont celles de Spa. M. de Montaigne en beut lendemein que nous
fumes arrivés, qui fut lundi matin,
sept petits verres qui revenoint à une
grosse chopine de sa maison; landemein cinq grands verres qui revenoint à dix de ces petits, & pouvoint
faire une pinte. Ce mesme mardy à
l'heure de neuf heures du matin, pendant que les autres disnoint, il se
mit dans le bein, & y sua depuis en
estre sorti bien fort dans le lict. Il n'y
arresta qu'une demy heure; car ceus
du païs qui y sont tout le long du
jour à jouer & à boire, ne sont dans
l'eau que jusqu'aus reins; lui s'y tenoit engagé jusques au col, estandu

le long de son bein. Et ce jour partit du bein un seigneur Souisse, fort bon serviteur de notre couronne, qui avoit fort entretenu M. de Montaigne tout le jour precedant des affaires du païs de Souisse, & lui montra une lettre que l'ambassadeur de France (*a*), fils du président du Harlay (*Achille*) lui escrivoit de Solurre (*b*) où il se tient, lui recommandant le service du roi pendant son absence, etant mandé par la Reine (*c*) de l'aller trouver à Lion, & de s'opposer aus desseins d'Espaigne & de Savoïe. Le

---

(*a*) Harlai de Sanci, bon ami de Henri IV, alors Roi de Navarre.

(*b*) Soleure.

(*c*) Il faut entendre la Reine Mere, *Catherine de Médicis*; la Reine, femme d'Henri III, qui vivoit alors; *Louise de Lorraine*, que l'on nommoit la *Reine Vierge*, ne se mêloit point des affaires d'Etat.

Duc de Savoïe qui venoict de deceder (*a*), avoit faict alliance il y avoit un an ou deux avec aucuns cantons : à quoy le Roy avoit ouvertemant resisté, allegant que lui estant des-ja obligés, ils ne pouvoint recevoir nulles nouvelles obligations, sans son interest ; ce que aucuns des cantons avoint gousté, mesme par le moyen dudit Sr. Souïsse, & avoint refusé cette alliance. Ils reçoivent à la vérité le nom du Roy en tous ces quartiers là, avec reverence & amitié, & nous y font toutes les courtoysies qu'il est possible. Les Espaignols y sont mal. Le trein de ce Souisse estoit quatre chevaus. Son fils qui est desja pensionnere du Roy, come le pere, sur l'un, un valet sur l'autre, une fille grande & belle sur un autre, avec une housse de drap & planchette

---

(*a*) Emmanuel Philibert, mort le 30 Août 1580.

à la françoise, une male en croppe
& un porte bonnet à l'arçon, sans
aucune fame avec elle; & si estoint
à deux grandes journées de leur retrete, qui est une ville où ledit sieur
est gouverneur; le bon homme sur
le quatriesme. Les vestemans ordinaires des fames me samblent aussi
propres que les nostres, mesme l'a-
coustremant de teste qui est un bonnet à la cognarde ayant un rebras
par derriere, & par devant, sur le
front, un petit avancemant: cela est
anrichi tout au tour de flocs de soye
ou de bords de forrures; le poil naturel leur pand par derriere tout cor-
donné. Si vous leur ostés ce bonnet
par jeu, car il ne tient non plus que
les nostres, elles ne s'en offencent
pas, & voiés leur teste tout à nud.
Les plus jeunes, au lieu de bonnet,
portent des guirlandes sulemant sur
la teste. Elles n'ont pas grande diffé-
rence de vestemens, pour distinguer

leurs conditions. On les falue en baifant la main & offrant à toucher la leur. Autremant, fi en paffant vous leur faites des bonnetades & inclinations, la plufpart fe tiennent plantées fans aucun mouvemant, & eft leur façon antienne. Aucunes baiffent un peu la tefte, pour vous refaluer. Ce font communéemant belles fammes, grandes & blanches. C'eft une très bonne nation mefme à ceus qui fe conforment à eux. M. de Montaigne, pour effayer tout à faict la diverfité des mœurs & façons, fe laiffoit partout fervir à la mode de chaque païs, quelque difficulté qu'il y ttouvat. Toutefois en Souiffe il difoit qu'il n'en fouffroit nulle, que de n'avoir à table qu'un petit drapeau d'un demi pied pour ferviette, & le mefme drapeau, les Souiffes ne le deplient par fulemant en leur difner, & fi ont force fauces & plufieurs diverfité de potages; mais ils fervent

tousjours autant de ceuillieres de bois,
manchées d'argent, comme il y a
d'homes. Et jamais Souisse n'est sans
cousteau, duquel ils prennent toutes
choses & ne mettent guiere la main
au plat. Quasi toutes leurs villes portent au dessus des armes particulieres
de la ville, celes de l'Empereur &
de la maison d'Austriche, aussi la
pluspart ont esté demambrées dudict
archiduché par les mauvais mesna-
giers de cette maison. Ils disent là
que tous ceus de cette maison d'Austriche, sauf le Roy Catholique, sont
réduits à grande povreté, mesmemant
l'Empereur qui est en peu d'estima-
tion en Allemaigne. L'eau que M. de
Montaigne avoit beu le mardy, lui
avoit faict faire trois selles & s'estoit
toute vuidée avant mydy (*a*). Le mer-

____

(*a*) On se passeroit bien de pareils détails; mais nous n'avons rien voulu tron-
quer. D'ailleurs on voit l'attrait singulier

credy matin, il en print mesme mesure que le jour precedent. Il treuve
que, quand il se faict suer au bein,
le lendemein il faict beaucoup moins
d'urines, & ne rend pas l'eau qu'il
a beu; ce qu'il essaya aussi à Plommieres. Car l'eau qu'il prant lendemein, il la rend colorée & en rend
fort peu, par où il juge qu'elle se
tourne en aliment soudain, soit que
l'évacuation de la sueur precedente le
face, ou le jûne; car lorsqu'il se bei-
gnoit, il ne faisoit qu'un repas: cela
fut cause qu'il ne se beigna qu'une
fois. Le mercredy, son hoste acheta
force poissons; ledict seigneur s'enqueroit pourquoi c'estoit. Il lui fut
respondu, que la pluspart dudit lieu
de Bade mangeoint poisson le mercredy par religion: ce qui lui confir-
ma ce qu'il avoit ouy dire, que ceus

que la garde-robe avoit pour Montaigne.
Essais, liv. 3, *ch.* 9 & 13.

qui

qui tiennent là la religion catholique, y font beaucoup plus tandus
& devotieux par la circonſtance de
l'opinion contrere. Il diſcouroit ainſi
que : » Quand la confuſion & le
» meſlange ſe faict dans meſmes vil-
» les , & ſe ſeme en une meſme
» police, cela relache les affections
» des hommes. La mixtion ſe coulant
» juſques aus individus , com'il advient
» en Auſpourg & villes impériales » ;
mais quand une ville n'a qu'une police (car les villes de Souiſſe ont
chacune leurs lois à part & leur gou-
vernement chacune à part-ſoy, ny ne
dependent en matiere de leur police
les unes des autres , leur conjunction
& colligance , ce n'eſt qu'en certenes conditions générales , » les villes
» qui font une cité à part & un corps
» civil à part entier, à tous les mam-
» bres, elles ont de quoy ſe fortifier
» & ſe meintenir; elles ſe fermiſſent
» ſans doubte & ſe reſſerrent & ſe

» rejouingnent par la secousse de la
» contagion voisine ». Nous nous ap-
plicames incontinant à la chaleur de
leurs poiles, & est nul des nostres qui
s'en offençât. Car depuis qu'on a
avalé une certene odeur d'air qui
vous frappe en entrant, le demurant
c'est une chaleur douce & eguale.
M. de Montaigne, qui couchoit dans
un poile, s'en louoit fort, & de
santir toute la nuit une tiedeur d'air
plaisante & moderée. Au moins on
ne s'y brûle ny le visage ny les botes,
& est on quitte des fumées de France.
Aussi là, où nous prenons nos robes
de chambre chaudes & fourrées entrant au logis, eus au rebours se
mettent en pourpoint, & se tiennent la teste descouverte au poile, &
s'habillent chaudement pour se remettre à l'air. Le jeudy il but de mesme; son eau fit opération & par devant & par derriere, & vuidoit du
sable non en grande quantité; &

même il les trouva plus actives que autres qu'il euft effayées, foit la force de l'eau, ou que fon corps fût ainfi difpofé, & fi en beuvoit moins qu'il n'avoit faict de nulles autres, & ne les rendoit point fi crues comme les autres. Ce jeudy il parla à un miniftre de Zurich & natif de là, qui arriva là, & trouva que leur religion premiere eftoit Zuinglienne : de laquelle ce miniftre lui difoit qu'ils eftoint approchés de la Calvinienne, qui eftoit un peu plus douce. Et interrogé de la prédeftination, lui refpondit qu'ils tenoint le moyen entre Genefve & Augufte (*Ausbourg*,) mais qu'ils n'empefchoint (*a*) pas leur peuple de cette difpute. De fon particulier jugement, il inclinoit plus à l'extrême de Zuingle & la haut louoit, come celle qui eftoit plus

---

(*a*) N'embarraffoient.

approchante de la premiere Chres-
tienté. Le vendredy après desjuné, à
sept heures du matin, septiesme
jour d'Octobre, nous partimes de
Bade ; & avant partir, M. de Montaigne beut encore la mesure desdi-
tes eaus : ainsy il y beut cinq fois.
Sur le doute de leur opération, en
laquelle il treuve autant d'occasion de
bien esperer qu'en nulles autres,
soit pour le breuvage, soit pour le
being, il conseilleroit autant volantiers ces beings que nuls autres qu'il
eût veus jusques alors, d'autant qu'il
y a non seulemant tant d'aysance &
de commodité du lieu & du logis,
si propre, si bien party, selon la
part que chacun en veut, sans subjection ny ampeschemant d'une
chambre à autre, qu'il y a des pars
pour les petits particuliers & autres
pour les grands. Beings, galeries,
cuisines, cabinets, chapelles à part
pour un trein, & au logis voisin du

noſtre, qui ſe nome la cour de la
ville, & le noſtre la cour de derriere, ce ſont maiſons publicques
appertenantes à la ſeigneurie des
cantons, & ſe tiennent par locate-
res. Il y a audit logis voiſin encore
quelques cheminées à la françoiſe.
Les maiſtreſſes chambres ont toutes
des poiles. L'exaction du payement
eſt un peu tyrannique, come en toutes nations, & notamment en la
noſtre, envers les eſtrangiers. Quatre
chambres garnies de neuf licts, deſ-
queles les deux avoint poiles & un
being, nous couſtarent un eſcu par
jour chacun des maiſtres ; & des ſer-
viteurs, quatre bats, c'eſt-à-dire,
neuf ſolds, & un peu plus pour chaque ; les chevaux ſix bats, qui ſont
environ quatorze ſolds par jour ; mais
outre cela ils y adjouſtarent pluſieurs
friponneries, contre leur couſtume.
Ils font gardes en leurs villes & aux
beins meſmes, qui n'eſt qu'un village.

D iij

Il y a toutes les nuicts deux sentinelles
qui roulent (*a*) autour des maisons,
non tant pour se garder des ennemis,
que de peur du feu ou autre remue-
mant. Quand les heures sonnent,
l'un d'eux est tenu de crier à haute
voix & pleine teste à l'autre, & luy
demander quelle heure il est; à quoy
l'autre respond de mesme voix, nouvelles de l'heure, & adjouste qu'il
face bon guet. Les fames y font les
buées (*b*) à descouvert & en lieu publicque, dressant près des eaux un
petit fouier de bois où elles font
chauffer leur eau, & les font meil-
leures, & fourbissent aussi beaucoup
mieux la vaisselle qu'en nos hostelleries de France. Aux hostelleries, chaque
chamberiere a sa charge & chaque
valet. C'est un mal'heur que, quel-

(*a*) Font la ronde.
(*b*) La lessive..

que diligence qu'on fasse , il n'est
possible que des gens du païs , si on
n'en rencontre de plus habiles que
le vulgaire, qu'un estrangier soit in-
formé des choses notables de chaque
lieu, & ne sçavent ce que vous leur
demandés. Je le dis à propos de ce
que nous avions esté là cinq jours
avec toute la curiosité que nous pouvions, & n'avions oui parler de ce
que nous trouvâmes à l'issue de la
ville. Une pierre de la hauteur d'un
home qui sembloit estre la piece de
quelque pilier , sans façon ny ouvrage, plantée à un couin de maison
pour paroître sur le passage du grand
chemin , où il y a une inscription
latine que je n'eus moyen de trans-
crire ; mais c'est une simple dedicace
aus empereurs Nerva & Trajan.
Nous vinsmes passer le Rhin à la ville
de Keyserstoul (a) qui est des alliées

____

(a) Ville du Comté de Bade.

des Souiſſes, & catholique, & delà
ſuivimes ladite riviere par un très-
beau plat païs, juſques à ce que nous
rencontrâmes des ſaults, où elle ſe
rompt contre des rochiers, qu'ils appellent les catharactes, comme celles
du Nil. C'eſt que audeſſoubs de
Schaffouſe le Rhin rencontre un
fond plein de gros rochiers, où il
ſe rompt, & audeſſoubs, dans ces
meſmes rochiers, il rencontre une
pante d'environ deux piques de haut,
où il faict un grand ſault, eſcumant
& bruiant eſtrangement. Cela arreſte
le cours des baſteaus & interrompt la
navigation de la ditte riviere. Nous
vinſmes ſoupper d'une trete à

SCHAFFOUSE, quatre lieues.
Ville capitale de l'un des cantons des
Souiſſes de la religion que j'ay ſuf-
dict, de ceux de Zurich. Partant de
Bade, nous laiſſames Zurich à main
droite où M. de Montaigne eſtoit
deliberé d'aller, n'en eſtant qu'à deux

lieues ; mais on lui rapporta que la
peſte y eſtoit. A Schaffouſe nous ne
viſmes rien de rare. Ils y font faire
une citadelle qui ſera aſſés belle. Il
y a une bute à tirer de l'arbaleſtre,
& une place pour ce ſervice, la plus
belle, grande & accommodée d'om-
brage, de ſieges, de galeries & de
logis, qu'il eſt poſſible ; & y en a
une pareille à l'hacquebute (*a*). Il y
a des moulins d'eau à ſier bois, comme nous en avions veu pluſieurs ailleurs, & à broyer du lin & à pil-
ler (*b*) du mil. Il y a auſſi un abre (*c*)
de la façon duquel nous en avions veu
d'autres, meſme à Bade, mais non
pas de pareille grandeur. Des premieres branches, & plus baſſes, ils
ſe ſervent à faire le planchier d'une
galerie ronde, qui a vint pas de dia-

(*a*) L'Arquebuſe.
(*b*) Piler.
(*c*) Arbre.

D v

metre ; ces branches , ils les replient
contre-mont , & leur font embrasser
le rond de cette galerie , & se hausser à-mont , autant qu'elles peuvent.
Ils tondent après l'abre , & le gar-
dent de jetter (a) jusques à la hauteur
qu'ils veulent donner à cette galerie,
qui est environ de dix pieds. Ils prennent là les autres branches qui viennent à l'abre , lesqueles ils couchent
sur certennes clisses pour faire la couverture du cabinet , & depuis les
plient en bas , pour les faire joindre
à celles qui montent contre-mont ,
& remplissent de verdure tout ce
vuide. Ils retondent encor après cela l'abre jusques à sa teste , où ils
y laissent espandre ses branches en
liberté. Cela rend une très belle forme & est un très bel abre. Outre
cela , ils ont faict sourdre à son pied

(a) Pousser.

un cours de fontene qui se verse audessus du planchier de cette galerie.
M. de Montaigne visita les Bourgue-
maistres de la ville, qui, pour le
gratiffier avecques autres officiers publiques (*a*), vindrent soupper à nostre logis, & y firent presenter du
vin à M. d'Estissac & à lui. Ce ne
fut sans plusieurs harangues cerimo-
nieuses d'une part & d'autres. Le
principal Bourguemaistre estoit gentil'homme & nourri page ches feu
M. d'Orleans (*b*), qui avoit desja
tout oublié son françois. Ce canton
fait profession d'estre fort nostre, &
en a donné ce tesmoingnage recent,
d'avoir refusé à nostre faveur la con-
federation que feu M. de Savoïe re-
cherchoit avec les cantons, de quoy

(*a*) Publics.

(*b*) Charles, frere cadet d'Henri II,
d'abord Duc d'Angoulême, puis d'Orléans,
mort le 9 Septembre 1545.

D vj

j'ay faict cy deſſus mention. Le ſamedy
8e d'Octobre, nous partiſmes au matin à huit heures, après desjuné, de
Schaffouſe, où il y a très bon logis
à la Couronne. Un homme ſçavant
du païs, entretint M. de Montaigne;
& entre autres choſes, de ce que les
habitants de cette ville ne ſoint, à la
vérité, guierre affectionnés à notre
Cour; de maniere que toutes les de-
liberations où il s'etoit trouvé tou-
chant la conféderation avec le Roy,
la plus grande partie du peuple eſtoit
toujours d'avis de la rompre : mais
que par les menées d'aucuns riches,
cela ſe conduiſoit autremant. Nous
viſmes au partir, un engin de fer
que nous avions veu auſſi ailleurs,
par lequel on ſouleve les groſſes pierres, ſans s'y ſervir de la force des
hommes pour charger les charretes.
Nous paſſames le long du Rhin, que
nous avions à notre mein droite,
Juſques à *Stain*, petite ville alliée

des cantons , de mesme religion que
Schaffouse. Si est ce qu'en chemin ,
il y avoit force croix de pierre, où
nous repassames le Rhin sur un autre
pont de bois , & coutoyant la rive,
l'aïant à notre main gauche , passames le long d'un autre petite ville,
aussi des alliées des cantons catholicques. Le Rhin s'espand là en une mer-
veilleuse largeur , come est notre Ga-
ronne davant Blaye , & puis se res-
serre jusques à

    CONSTANCE , quatre lieües,
où nous arrivames sur les quatre heures. C'est une ville de la grandeur de
Chalons , apertenant à l'Archiduc
d'Austriche , & catholicque , parce
qu'elle a esté autrefois , & depuis trente ans , possédée par les Luthériens,
d'où l'Empereur Charles Ve. les deslo-
gea par force. Les Eglises s'en sentent
encores aus images. L'Evesque qui
est Gentilhome du païs & Cardinal,
demeurant à Rome, en tire bien qua-

rante mille escus de revenu. Il y a
des chanoinies, en l'Eglise Nostre
Dame, qui valent mille cinq cens
florins, & sont à des Gentilshomes.
Nous en vismes un à cheval, venant de dehors, vetu licentieusement
comme un home de guerre; aussi dit-
on qu'il y a force Lutériens dans la
ville. Nous montasmes au clochier
qui est fort haut, & y trouvames un
homme attaché pour santinelle, qui
n'en part jamais quelque occasion
qu'il y ait, & y est enfermé. Ils dres-
sent sur le bord du Rhin, un grand
batimant couvert, de cinquante pas
de long & quarante de large ou environ ; ils mettront-là douze ou
quinze grandes roues, par le moyen
desqueles ils esleveront sans cesse grande quantité d'eau, sur un planchié
qui sera un estage audessus, & autres roues de fer en pareil nombre,
car les basses sont de bois, & re-
leveront de mesme de ce planchier

à un autre audeſſus. Cett'eau, qui
eſtant montée à cette hauteur, qui
eſt environ de cinquante piés, ſe
degorgera par un grand & large canal artificiel, ſe conduira dans leur
ville, pour y faire moudre pluſieurs
moulins. L'artiſan qui conduiſoit cette maiſon, ſeulement pour ſa main,
avoit cinq mille ſept cens florins,
& fourni outre cela de vin. Tout
au fons de l'eau, ils font un planchier ferme tout au tour, pour rompre, diſent-ils, le cours de l'eau, &
affin que dans cet eſtuy elle s'en-
dorme, affin qu'elle s'y puiſſe puiſer
plus ayſéemant. Ils dreſſent auſſi des
engeins, par le moyen deſquels on
puiſſe hauſſer & baiſſer tout ce roua-
ge, ſelon que l'eau vient à eſtre haute
ou baſſe. Le Rhin n'a pas là ce nom :
car à la teſte de la ville, il s'eſtand
en forme de lac, qui a bien quatre
lieues d'Allemaigne de large, & cinq
ou ſix de long. Ils ont une belle ter-

raſſe, qui regarde ce grand lac en pouinte, où ils recueillent les marchandiſes ; & à cinquante pas de ce lac, une belle maiſonnette où ils tiennent continuellemant une ſantinelle ; & y ont attaché une cheine par laquelle ils ferment le pas de l'antrée du pont, ayant rangé force pals (*a*) qui enferment des deux coſtés cete eſpace de lac, dans lequel eſpace ſe logent les bateaus & ſe chargent. En l'Egliſe Noſtre Dame, il y a un conduit, qui, au deſſus du Rhin, ſe va rendre au faux-bourg de la ville. Nous reconnumes que nous perdions le païs de Souiſſe, à ce que un peu avant que d'arriver à la ville, nous viſmes pluſieurs maiſons de genti-l'homes ; car il ne s'en voit guieres en Souiſſe. Mais quant aus maiſons privées, elles ſont & aus villes & aus champs, par la route que nous avons

------

(*a*) Pilotis.

tenu, sans compareison plus belles qu'en France , & n'ont faute que d'ardoises, & notament les hostele- ries, & meilleur traitemant ; car ce qu'ils ont à dire pour nostre service, ce n'est pas par indigence, on le con- noit assés au reste de leur equipage ; & n'en est point où chacun ne boive en grands vaisseaux d'argent, la plus- part dorés & labourés (*b*), mais ils font à dire par coustume. C'est un païs très fertile , notament de vins. Pour revenir à Constance , nous fu- mes mal logés à l'aigle , & y reçeu- mes de l'hoste un trait de la liberté & fierté barbare Alemanesque, sur la querelle de l'un de nos homes de pied avec nostre guide de Basle. Et parce que la chose en vint jusques aus juges, ausquels il s'alla pleindre, le Prevot du lieu, qui est un Gen- tilhome Italien , qui est là habitué

(*a*) Travaillés.

& marié, & a droit de bourgeoisie il y a longtemps, respondit à M. de Montaigne, sur ce qu'on l'enqueroit, si les domestiques serviteurs dudit seigneur seroint crus en tesmoingnage pour nous : il respondit que oui, pourveu qu'il leur donnat congé, mais que soudain après il les pourroit reprendre à son service. C'étoit une subtilité remercable. Lendemein qui fut Dimenche, à cause de ce desordre, nous arrestames jusques après disner, & changeames de logis au *brochet*, où nous fumes fort bien. Le fils du Capitene de la ville, qui a esté nourri page chez M. de Meru (*a*), accompaigna tous-jours Messieurs à leur repas & ailleurs ; si ne sçavoit-il nul mot de françois. Les services de leurs tables se chan-

---

(*a*) Charles de Montmorenci, depuis Duc d'Anville, & Amiral de France, fils du Connétable Anne de Montmorenci.

gent souvent. On leur donna là, &
souvent depuis, après la nappe levée,
d'autres nouveaus services parmy les
verres de vin : le premier, des ca-
naules, que les Guascons appellent ;
après, du pain d'espice, & pour le
tiers un pain blanc, tandre, coupé
à taillades, se tenant pourtant entier ; dans les descoupures, il y a force
espices & force sel jetté parmy, &
audessus aussi de la croute de pain.
Cette contrée est extresmement pleine de Ladreries, & en sont les chemins tout pleins. Les gens de village servent au des-juner de leurs gens
de travail, des fouasses (b) fort plat-
tes, où il y a du fenouil, & au dessus de la fouasse des petits lopins de
lard hachés fort menus & des gosses
d'ail. Parmi les Alemands, pour honorer un home, ils gaignent tous-

-----

(a) Fouaces espece de galettes. *Voyez*
Rabelais, *liv.* 1, *ch.* 25.

jours son costé gauche, en quelque assiete qu'il soit; & prennent à offense de se mettre à son costé droit, disant que pour déferer à un home, il faut lui laisser le costé droit libre, pour mettre la main aux armes. Le dimenche après disner nous partimes de Constance; & après avoir passé le lac à une lieue de la ville, nous en vinsmes coucher à

SMARDORFF, deux lieues, qui est une petite ville Catholicque, à l'enseigne de Coulogne (*a*), & logeames à la poste qui y est assise pour le passage d'Italie en Alemaigne, pour l'Empereur. Là, come en plusieurs autres lieus, ils remplissent les paillasses de feuilles de certein abre qui sert mieus que la paille & dure plus longtemps. C'est une ville entournée d'un gran païs de

---

(*a*) Cologne.

vignes, où il croît de très bons vins.
Le lundy 10 d'Octobre, nous partifmes après des-juner : car M. de
Montaigne fut convié par le beau
jour de changer de deffein d'aller à
Ravesbourg ce jour-là, & fe deftour-
na d'une journée pour aller à Linde (b).
M. de Montaigne ne des-junoit jamais; mais on lui apportoit une piece
de pein fec qu'il mangeoit en chemin, & eftoit par fois eidé des rei-
fins qu'il trouvoit, les vendanges fe
faifant encores en ce païs-là, le païs
eftant plein de vignes, & mefmes
autour de Linde. Ils les foulevent de
terre en treilles, & y laiffent force
belles routes pleines de verdure, qui
font très-belles. Nous paffames une
ville nommée Sonchem, qui eft Impériale Catholicque, fur la rive du lac
de Conftance; en laquelle ville toutes

(a) Lindaw.

les marchandiſes d'Oulme (*a*) de Nu-
remberg & d'ailleurs ſe rendent en
charrois, & prennent delà la route du Rhin par le lac. Nous arri-
vaſmes ſur les trois heures après
midy à

L I N D E (*b*), trois lieues, petite
ville aſſiſe à cent pas avant dans le
lac, leſquels cent pas on paſſe ſur
un pont de pierre : il n'y a que cette
entrée, tout le reſte de la ville eſtant
entourné de ce lac. Il a bien une
lieue de large, & au delà du lac naiſſent les montaignes des Griſons. Ce
lac & toutes les rivieres de là autour
ſont baſſes en hiver, & groſſes en
été, à cauſe des neges fondues. En
tout ce pays les fames couvrent leur
teſte de chappeaus ou bonnets de
fourrure, come nos calotes ; le deſ-

(*a*) D'Ulm.

(*b*) Lindaw.

fus, de quelque fourrure plus ho-
nefte, come de gris; & ne coute un
tel bonnet que trois teftons, & le
dedans d'eigneaux (*a*). La fenêtre qui
eft au devant de nos calotes, elles la
portent en derriere, par où paroît
tout leur poil treffé. Elles font auffi
volantiers chauffées de botines ou
rouges ou blanches, qui ne leur fie-
fent pas mal. Il y a exercice de deux
Religions. Nous fumes voir l'Eglife
catholicque batie l'an 866, où toutes
chofes font en leur entier, & vifmes
auffi l'Eglife de quoi les Miniftres fe
fervent. Toutes les villes Impériales
ont liberté de deux Religions Catholicque & Lutériene, felon la volanté
des habitans. Ils s'appliquent plus ou
moins à cele qu'ils favorifent. A Linde il n'y a que deus ou trois Catholicques, à ce que le preftre (*b*) dît à

(*a*) De laine d'agneau.

(*b*) C'eft-à-dire, le Curé. Dans fes

M. de Montaigne. Les preſtres ne laiſſent pas d'avoir leur revenu libre & de faire leur office, come font auſſi des Noneins qu'il y a. Ledit ſieur de Montaigne parla auſſi au Miniſtre, de qui il n'apprint pas grand choſe, ſauf la haine ordineire contre Zuingle & Calvin. On tient qu'à la vérité il eſt peu de villes qui n'ayent quelque choſe de particulier en leur créance; & ſous l'autorité de Martin (*a*) qu'ils reçoivent pour chef, ils dreſſent pluſieurs diſputes ſur l'interprétation du ſens ez eſcrits de Martin. Nous lojames à la Couronne, qui eſt

---

Eſſais, Montaigne appelle le Curé de ſon village, *mon Preſtre*. Jadis le Prêtre ou Curé étoit preſque toujours le commenſal ou domeſtique du Seigneur & le *gérent de ſon domeſtique*. Le Concile de Trente releva & ennoblit un peu cette profeſſion preſque dégradée. *Voyez* Rabelais, *liv.* 4, *c.* 13, 14 & 15.

(*a*) Luther.

un beau logis. Au lambris du poile il y avoit une forme de cage de mesme le lambris, à loger grand nombre d'oiseaus; ell'avoit des allées suspenduës & accommodées de fil d'aréchal, qui servoint d'espace aus oiseaus d'un bout à l'autre du poile. Ils ne sont meublés ny fustés (*a*) que de sapin qui est l'abre le plus ordinere de leurs forests; mais ils le peignent, vernissent & nettoyent curieusemant, & ont mêmes des vergettes de poil de quoi ils époussetent leurs bancs & tables. Ils ont grande abondance de chous-cabus (*b*) quils hachent me-

______

(*a*) Boisés.

(*b*) Le chou-cabus est fort estimé en Suisse & en Savoie. Le Pere Menestrier parle d'une famille noble de ces contrées qui a pour armoiries un chou-cabus au naturel en champ d'argent, & pour devise, en contrepetterie : *Tout n'est qu'abus.*

Tome I. E

nus à tout (*a*) un inſtrumant exprès, & ainſi haché en mettent grande quantité dans des cuves à tout du ſel (*b*), de quoi ils font des potages tout l'hiver. Là M. de Montaigne eſſaïa à ſe faire couvrir au lict d'une coite, come c'eſt leur cotume & ſe loua fort de cet uſage, trouvant que c'eſtoit une couverture & chaude & legiere. On n'a à ſon avis à ſe plaindre que du coucher pour les homes délicats; mais qui porteroit un materas (*c*) qu'ils ne connoiſſent pas là, & un pavillon dans ſes coffres, il n'y trouveroit rien à dire : car quant au tretemant de table, ils ſont ſi abondans en vivres, & diverſifient

---

(*a*) Avec.

(*b*) C'eſt ce que les Allemands nomment *ſaur-crott*, vulgairement *ſurcroute*. Voyez *le Cuiſinier François; les Dons de Comus*, &c.

(*c*) Matelas.

leur service en tant de sortes de potages, de sauces, de salades, come
hors de nostre usage. Ils nous ont pre-
santé des potages faicts de couins *(a)*;
d'autres de pommes cuites taillées à
ruelles sur la souppe, & des salades
de chous-cabus. Ils font aussi des
brouets, sans pein, de diverses sortes,
come de ris où chacun pesche en
commun, (car il n'y a nul service
particulier), & cela d'un si bon goust,
aus bons logis, que à pene nos cuisines de la noblesse francèse lui sembloint comparables; & y en a peu
qui ayent des sales si parées. Ils ont
grande abondance de bon poisson
qu'ils mêlent au service de chair;
ils y desdeingnent les truites & n'en
mangent que le foye; ils ont force
gibier, bécasses, levreaux, qu'ils
acoutrent d'une façon fort esloingnée
de la nostre, mais aussi bonne au

(a) Coings.

E ij

moins. Nous ne vîsmes jamais des vivres si tendres com'ils les servent communéemant. Ils meslent des prunes cuites, des tartes de poires & de pommes au service de la viande, & mettent tantost le roti le premier & le potage à la fin, tantost au rebours. Leur fruict, ce ne sont que poires, pommes qu'ils ont fort bonnes, noix & formage. Parmi la viande, ils servent un instrumant d'arjant ou d'estein, à quatre logettes, où ils mettent diverses sortes d'épisseries pilées & ont du cumin ou un grein semblable, qui est piquant & chaut, qu'il meslent à leur pein, & leur pein est la pluspart faict avec du fenouil. Après le repas ils remetent sur la table des verres pleins & y font deux ou trois services de plusieurs choses qui esmeuvent l'altération. M. de Montaigne trouvoit à dire trois choses en son voïage : l'une, qu'il n'eût mené un cuisinier pour l'instruire de leurs

façons & en pouvoir un jour faire
voir la preuve chez lui ; l'autre qu'il
n'avoit mené un valet Allemand, ou
n'avoit cherché la compagnie de
quelque Gentilhomme du païs (car
de vivre à la mercy d'un bélitre de
guide, il y fantoit une grande incommodité) ; la tierce, qu'avant
faire le voyage, il n'avoit veû les livres qui le pouvoint avertir des chofes rares & remarcables de chaque
lieu, ou n'avoit un *Munfter* (*a*), ou
quelque autre dans fes coffres (*b*). Il
méloit à la vérité à fon jugement un
peu de paffion du mefpris de fon païs

(*a*) C'eft-à-dire la Cofmographie de
Sebaftien Munfter, furnommé *le Strabon
de l'Allemagne.*

(*b*) Il eft étonnant, en effet, que Montaigne, connoiffant fi bien le prix des voyages, eût négligé les deux derniers moyens :
car les fecours qu'il eût tirés de fon Cuifi-
nier, nous touchent peû.

qu'il avoit à haine & à contrecœur pour autres confidérations ; mais tant y a qu'il préferoit les commodités de ce païs-là fans compareson aux Francèfes, & s'y conforma jufqu'à y boire le vin fans eau. Quant à boire à l'envi, il n'y fut jamais convié que de courtoifie & ne l'entreprit jamais. La cherté en la haute Allemaigne eft plus grande qu'en France ; car à noftre conte (*a*) l'home & cheval defpanfe pour le moins par jour un efcu au foleil. Les hoftes content (*b*) en premier lieu le repas à quatre, cinq ou fix *bas* pour table d'hofte. Ils font un autre article de tout ce qu'on boit avant & après ces deux repas, & les moindres colations ; de façon que les Alemans partent communée- mant le matin du logis fans boire. Les fervices qui fe font après le re-

____

(*a*) Compte.
(*b*) Comptent.

pas, & le vin qui s'y emploïe, en quoi va pour eus la principale despance, ils en font un conte (*a*) avec les colations. A la vérité, à voir la profusion de leurs services, & notammant du vin, là-mesmes où il est extrememant cher & apporté de païs loingtain, je treuve leur cherté excusable. Ils vont eux mesmes conviant les serviteurs à boire, & leur font tenir table deux ou trois heures. Leur vin se sert dans des vaisseaus come grandes cruches, & est un crime de voir un gobelet vuide qu'ils ne remplissent soudein, & jamais de l'eau, non pas à ceus mesme qui en demandent, s'ils ne sont bien respectés. Ils conteut (*b*) après l'avoine des chevaus, & puis l'estable (*c*), qui comprend aussi le foin. Ils ont cela de

---

(*a*) Compte.
(*b*) Comprent.
(*c*) L'écurie.

bon qu'ils demandent quaſi du premier mot ce qu'il leur faut , & ne
guaigne-t-on guiere à marchander.
Ils ſont glorieux , choleres & yvro-
gnes; mais ils ne ſont , diſoit M. de
Montaigne , ny trahiſtes (*a*) , ny vo-
leurs. Nous partimes delà après des-
jeuner , & nous randimes ſur les
deux heures après midi à

VANGUEN , deux lieues , où l'inconvéniant du mulet de coffres, qui ſe
bleſſoit nous arreſta par force,& fumes
contreins de louer une charrete pour
le lendemein , à trois eſcus par jour;
le charretier qui avoit quatre chevaus ,
ſe nourriſſant de là (*b*). C'eſt une petite ville impériale qui n'a jamais voulu recevoir compagnie d'autre religion que catholicque , en laquelle ſe
font les faulx ſi fameuſes , qu'on les

(*a*) Traitres.
(*b*) Sur cette ſomme.

envoïe vendre jusques en Lorrene.
Il en partit lendemein , qui fut le
mercredy au matin 12 d'Octobre , &
tourna tout-court vers Trante (a)
par le chemein le plus droit & ordinere , & nous en vinsmes disner à

ISNE , deux lieues , petite ville
Impériale & très plesammant dispo-
sée. M. de Montaigne , come estoit
sa coustume , alla soudein trouver un
docteur théologien de cette ville ,
pour prendre langue , lequel docteur
disna avec eux. Il trouva que tout le
peuple estoit lutérien , & vit l'Eglise
lutériene qui a esté usurpée , come les
autres qu'ils tiennent ès villes impériales, des églises catholiques. Entr'autres propos qu'ils eurent ensamble
sur le sacremant , M. de Montaigne
s'avisa qu'aucuns Calvinistes l'avoint
averty en chemein , que les Lutériens mesloint aux antiennes opinions

-----

(a) Trente.

de Martin, pluſieurs erreurs eſtran-
ges, come l'*Ubiquiſme*, maintenant
le corps de Jéſus-Chriſt eſtre partout
com'en l'hoſtie; par où ils tomboint
en meſme inconvéniant de Zuingle,
quoi que ce fût par diverſes voïes:
l'un par trop eſpargner la préſance
du corps, l'autre pour la trop prodi-
guer (car à ce conte le ſacremant
n'avoit nul priviliege ſur le corps de
l'Egliſe, ou aſſemblée de trois homes de bien); & que leur principaux
argumans eſtoint que la divinité eſtoit
inſéparable du corps, par quoi la
divinité eſtant partout, que le corps
l'eſtoit auſſi (*a*). Secondemant, que
Jéſus-Chriſt devant eſtre tous-jours
à la dextre du pere, il eſtait partout, d'autant que la dextre de Dieu,
qui eſt ſa puiſſance, eſt partout (*b*).

(*a*) Par-tout.

(*b*) Il faut être Théologien pour bien

Ce Docteur nioit fort de parolle
cette imputation, & s'en défendoit
come d'une calomnie, mais par effect,
il semble à M. de Montaigne qu'il ne
s'en couvroit guere bien. Il fit compagnie à M. de Montaigne à aler visiter un monastere très-beau & sump-
tueux, où la messe se disoit, & y
entra & assista sans tirer le bonnet,
jusques à ce que MM. d'Estissac &
de Montaigne eussent faict leurs orai-
sons. Ils alarent voir dans une cave
de l'Abaïe une pierre longue & ronde, sans autre ouvrage, arrachée,
come il semble, d'un pilier, où en
lettres latines fort lisables cette inscription est : *que les Empereurs Per-
tinax & Antoninus Verus ont refaict
les chemins & les ponts, à unze mille
pas de Campidonum, qui est Kemp-*

---

expliquer ce galimathias. Montaigne l'ex-
pose comme il l'entend.

ten, où nous alames coucher. Cette pierre pouvoit estre là come sur le chemein du rabillage ; car ils tiennent que ladite ville d'Isne n'est pas fort antienne. Toutefois ayant reconnu les avenues dudit *Kempten* d'une part & d'autre, outre ce qu'il n'y a nul pont, nous ne pouvions reconnetre nul rabillage digne de tels ouvriers. Il y a bien quelques montaignes antrecoupées, mais ce n'est rien de grande manufacture.

KEMPTEN, trois lieues, une ville grande come Sainte-Foi (*a*), très belle & peuplée & richemant logée (*b*). Nous fumes à l'*Ours*, qui

---

(*a*) *Sainte-Foi*, petite ville de l'Agénois sur la Dordogne. Montaigne l'employe souvent pour terme de comparaison, parce qu'elle lui étoit familiere. La Terre & le Château de Montaigne, situés aussi sur la Dordogne, sont dans le voisinage de cette Ville.

(*b*) Située.

eſt un très beau logis. On nous y ſervit de grands taſſes d'arjant de plus de
ſortes, (qui n'ont uſage que d'ornemant, fort labourées & ſemées d'armoiries de divers Seigneurs), qu'il
ne s'en tient en guiere de bones maiſons. Là ſe teſmoigna ce que diſoit
ailleurs (M. de Montaigne) que ce
qu'ils oblient du notre, c'eſt qu'ils le
mépriſent; car aïant grand'foiſon de
veſſelle d'eſtain, eſcurée com' à Montaigne, ils ne ſervirent que des aſſiet-
tes de bois, très-polies à la vérité &
très-belles. Sur les ſieges en tout ce
païs, ils ſervent des cuſſins (a) pour
ſe ſoir, & la pluſpart de leurs planchiers lambriſſés ſont voutés com'en
demy croiſſant, ce qui leur donne
une belle grace. Quant au linge de
de quoy nous nous pleignions au
commencemant, onques (b) puis

(a) Couſſins.
(b) Jamais.

nous n'en eumes faute, & pour mon
maiſtre (*a*) je n'ay jamais failli à en
avoir pour lui en faire des rideaus au
lict ; & ſi une ſerviette ne lui ſuffiſoit,
on lui en changeoit à pluſieurs fois.
En cette Ville, il y a tel Marchand
qui faict traficque de cant mille florins de toiles. M. de Montaigne, au
partir de Conſtance , fût alé à ce
canton de Souiſſe , d'où viennent les
toiles à toute la Creſtienté (*b*) , ſans
ce que, pour revenir à *Linde*, il y
avoit pour quatre ou cinq heures de
traject du lac. Cete Ville eſt Luterienne , & ce qu'il y a d'eſtrange,
c'eſt que, com' à Iſne , & là auſſi
l'Egliſe catholique y eſt ſervie très-

(*a*) On voit que le Secrétaire de nos
Voyageurs étoit un Domeſtique de Montaigne , & apparemment ſon valet de
chambre.

(*b*) Peut-être à Stein , dans le canton
de Zurick.

teſte & les poils (*a*) eſpars, qui fit là
une petite reverance à la mode du
païs, & s'arrêta là ſeule debout : tantoſt après un garçon, qui eſtoit un artiſan, à tout (*b*) une eſpée au coſté,
vint auſſi ſe preſanter & mettre à
coté de cete fame. Le Miniſtre leur
dict à tous deux quelques mots à
l'oreille, & puis commanda que chacun dit le pate-noſtre, & après ſe
mit à lire dans un livre. C'eſtoint
certenes regles pour les jans qui ſe
marient, & les fit toucher à la mein
l'un de l'autre, ſans ſe baiſer. Cela
faict, il s'en vint, & M. de Montaigne le print ; ils deviſàrent long-tamps
enſamble ; il mena ledit ſieur en ſa
maiſon & étude, belle & bien accommodée ; il ſe nome Johannes Ti-
lianus, Auguſtanus (*c*). Ledit ſieur (*d*)

(*a*) Les cheveux.
(*b*) Avec.
(*c*) D'Ausbourg.
(*d*) Montaigne.

demandoit une confeſſion nouvelle,
que les Luteriens ont faite, où tous
les docteurs & princes qui la ſoutien-
nent, ſont ſignés ; mais elle n'eſt pas
en latin. Com'ils ſortoint de l'egliſe,
les violons & tabourins ſortoint de
l'autre coſté qui conduiſoint les ma-
riés. A la demande qu'on lui fit, s'ils
permettoint les danſes : il reſpondit,
pourquoi non : A cela (a) : pourquoi
aus vitres & en ce nouveau batimant
d'orgues, ils avoint faict peindre Je-
ſus Chriſt & force images ? (b) que ils
ne défandoint pas les images, pour avertir les homes, pourveu que l'on ne les
adorât pas. A ce : pourquoi donq ils
avoint oſté les images antiennes des
Egliſes ? que ce n'eſtoint pas eus, mais
que leurs bons diſciples les Zuingliens,
incités du malin eſprit, y eſtoint

(a) A cette autre queſtion.

(b) Réponſe, comme dans le reſte du
dialogue.

passés avant eus, qui avoint faict ce
ravage , come plusieurs autres :
qui est cete mesme response, que
d'autres de cete profession avoint faic-
te audict sieur ; mesme le docteur
d'Isne, à qui quand il demanda s'il
haïssoit la figure & effigie de la croix,
il s'écria soudein : comant serois-je si
atheiste de haïr cette figure si heureuse & glorieuse aus Crestiens ! que
c'estoit des opinions diaboliques. Celui là mêmes dict tout détrousséemant
en dinant, qu'il aimeroit mieux ouir
çant messes , que de participer à la
cène de Calvin. Audict lieu on nous
servit des lièvres blancs. La ville est
assise sur la riviere d'Isler ; nous y disnames ledict Jeudy, & nous en vinmes par un chemin montueus &
stérile, coucher à

FRIENTEN, quatre lieues, petit
village catholicque, come tout le reste de cette contrée, qui est à l'Archiduc d'Austriche. J'avois oblié de dire

fur l'article de Linde , qu'à l'antrée
de la ville il y a un grand mur qui
tefmoingne une grande antiquité , où
je n'aperceu rien d'efcrit. J'antan que
fon nom en Alemant fignifie *vieille
muraille* , qu'on m'a dict venir de là.
Le vendredy au matin , quoique ce
fût un bien chetif logis , nous n'y
laiffâmes pas d'y trouver force vivres. Leur coftume eft de ne chauffer jamais ny leurs linceuls pour fe
coucher , ny leurs veftemans pour fe
lever , & s'offencent fi on alume du
feu en leur cuifine pour cet effect , ou
fi on s'y fert de celui qui y eft; & eft
l'une des plus grandes querelles que
nous euffions par les logis. Là, mêmes
au milieu des montaignes & des forets,
où dix mille pieds de fapin ne couf-
tent pas cinquante fols , ils ne vou-
loint permettre non plus qu'ailleurs
que nous fiffions du feu. Vendredy
matin nous en partimes & reprimes
à gauche le chemin plus dous, aban-

donnant le fantier des montaignes qui eft le droit vers Trante (*a*). M. de Montaigne eftant d'avis de faire le detour de quelques journées, pour voir certaines belles villes d'Allemaigne, & fe repantant de quoi, à *Vanguen*, il avoit quitté le deffein d'y aler, qui eftoit le fien premier, & avoit pris cet'autre route. En chemin nous rencontrames, come nous avions faict ailleurs en plufieurs lieux, des moulins à eau, qui ne reçoivent l'eau que par une goutiere de bois qui prand l'eau au pied de quelque hauffure, & puis eflevée bien haut hors de terre & appuyée, vient à degorger fa courfe par une pante fort drette qu'on lui donne au bout de cette goutiere, & vinmes difner à

FRIESSEN, une lieue: c'eft une petite ville catholicque apertenante à

(*a*) Trente.

l'Evefque d'Augufte (*a*) : nous y trouvafmes force gens du trein de l'Archiduc d'Auftriche qui eftoit en un chateau voifin de là avec le Duc de Baviere. Nous mifmes là fur la riviere de Lech les coffres, & moi avec d'autres, pour les conduire à Augsbourg fur un floton, qu'ils noment : ce font des pieces de bois jointes enfamble qui s'eftandent quand on eft à port (*b*). Il y a là une Abbaïe : on montra à Meffieurs un calice & un'eftole, qu'on tient en reliquere, d'un feint qu'ils noment *Magnus*, qu'ils difent avoir efté fils d'un Roi d'Ecoffe & difciple de Colombanus (*c*). En faveur de ce Magnus, Pepin fonda ce monaftere, & l'en fit premier Abbé, & y a ce mot efcrit au haut de la nef, & au-deffus

---

(*a*) Ausbourg.

(*b*) Sorte de radeau.

(*c*) S. Colomban.

dudict mot des notes de muſicque
pour lui donner le ſon : *Compertâ*
virtute beati Magni famâ , Pipinus
Princeps locum quem Sanctus inco-
luit regia largitate donavit (a). Char-
lemaigne l'enrichit depuis, come il eſt
auſſi eſcrit audict monaſtere. Après
diſner, vinſmes les uns & les autres
coucher à

CHONGUEN, quatre lieues, petite ville du Duc de Baviere , & par
conſéquent exactemant catholicque :
car ce Prince, plus que nul autre en
Allemaigne, a maintenu ſon reſſort
pur de contagion , & s'y opiniâtre.
C'eſt un bon logis à l'eſtoile, & de
nouvelle cérimonie; on y ranjea les
ſalieres en une table carrée de couin

(a) » Le Roi Pepin ayant appris par la
» renommée les grandes vertus du bien-
» heureux *Magnus*, a doté, par ſes libéra-
» lités royales, le lieu que le Saint habi-
» toit.

en couin , & les chandeliers aus autres couins , & en fit on une croix
S. André. Ils ne fervent jamais d'œufs,
au moins jufques lors , fi ce n'eft
durs , coupés à quartiers dans des fa-
lades qu'ils y ont fort bones , & des
herbes fort frefches ; ils fervent du
vin nouveau , communéemant fou-
dein après qu'il eft faict ; ils battent
les bleds dans les granges à mefure
qu'ils en ont befoin , & battent le
bled du gros bout du fleau. Le famedy
alames difner à

LANSPERGS , quatre lieues , petite ville audit Duc de Baviere , affife
fur ladite riviere de Lech , très-belle
pour fa grandeur, ville , faubourg &
château. Nous y arrivafmes un jour
de marché , où il y avoit un grand
nombre de puple , & au milieu d'une
fort grande place une fonteine qui
élance par çant tuieaus l'eau à une
pique de hauteur , & l'efparpille
d'une façon très artificielle , où on

contourne

contourne les tuieaus là où l'on veut. Il y a une très belle Eglise, & à la ville & au faubourg qui ſont contre mont, une droite coline, com'eſt auſſi le château. M. de Montaigne y alla trouver un Colliege de Jéſuites qui y ſont fort bien accommodés d'un bâtimant tout neuf, & ſont après à bâtir une belle Eglise. M. de Montaigne les entretint, ſelon le loiſir qu'il en eut. Le conte de Helfeſtein commande au château. Si quelqu'un ſonge autre religion que la Romene, il faut qu'il ſe taiſe. A la porte qui ſépare la ville du fauxbourg, il y a une grande inſcription latine de l'an 1552, où ils diſent en ces mots que *Senatus Populuſque* (a) de cette ville, ont bati ce monumant à la mémoire de *Guillaume* & de *Louys* freres, Ducs

---

(a) Le Sénat & le peuple.

utriusque Boïariæ (*a*). Il y a force autres devises en ce lieu mesmes, come cetecy : *horridum militem esse decet, nec auro cœlatum, sed animo & ferro fretum* (*b*) ; & à la teste, *cavea stultorum mundus* (*c*). Et en un autre andret fort apparent, des mots extraits de quelque historien latin, de la victoire que le Consul Marcellus perdit contre un Roi de cete nation : *Carolami Boïorumque Regis cum Marcello Cos. pugna quâ eum vicit,* &c (*d*). Il y a plusieurs

____

(*a*) Des deux Bavieres.

(*b*) » Il faut qu'un soldat néglige la » parure & les ornemens ; qu'il ne compte » que sur son courage & sur son épée.

(*c*) » Le monde n'est qu'une cage de » foux.

(*d*) » Combat de Carolame (ou Car- » loman) & du Roi des Boïens, avec le » Consul Marcellus, où ce dernier fut » défait ». Nous laissons à deviner quel

autres bones devifes latines aus portes privées. Ils repeingnent fouvent
leurs viles , ce qui leur donne un
vifage tout fleuriffant , & à leurs
Eglifes; & com'à point nomé à la
faveur de noftre paffage , depuis trois
ou quatre ans , elles eftoint quafi toutes renouvelées où nous fumes; car
ils mettent les dates de leur ouvrage.
L'horologe de cete vile , comme
d'autres plufieurs de ce païs-là , fone
tous les quarts d'heures , & dict-on
que celui de Nuremberch fone les
minutes. Nous en fomes partis après
difner , par une longue pleine de
pafcage fort unie , come la pleine
de la Beauffe, & nous rendifmes à

AUGSBOURG , quatre lieues, qui
eft eftimée la plus belle ville d'Al-
maigne , come Strasbourg la plus

étoit ce Conful Marcellus. Le dernier des
faftes Confulaires eft de l'an de Jefus-
Chrift 341.

forte. Le premier appret étrange, &
qui montre leur propreté, ce fut de
trouver à notre arrivée les degrés de
la vis (a) de notre logis tout couvert
de linges, par deſſus leſquels il nous
falloit marcher, pour ne ſalir les
marches de leur vis qu'on venoit de
laver & fourbir (c), come ils font
tous les ſamedis; nous n'avons jamais
aperçeu d'araignée, ni de fange en
leur logis; en aucuns il y a des rideaux pour eſtandre au devant leurs
vitres, qui veut. Il ne ſe trouve
guiere de tables aus chambres, ſi
ce n'eſt celes qu'ils attachent au pié
de chaque liƈt qui pandent là à
tout (c) des gons, & ſe hauſſent &
baiſſent, come on veut. Les pieds
des liƈts ſont élevés de deux ou trois
pieds au deſſus du corps du liƈt,

(a) De l'eſcalier.
(b) Nettoyer.
(c) Avec.

& souvent au niveau du chevet, le bois en est fort beau & labouré; mais notre noyer surpasse de beaucoup leur sapin. Ils servoint là aussi les assietes d'estein très luisantes, au dessous de celes de bois par dedein; ils metent souvent contre la paroy, à côté des licts, du linge & des rideaus, pour qu'on ne salisse leur muraille en crachant. Les Alemans sont fort amoureux d'armoiries; car en tous les logis, il en est une miliasse que les passans jantils-homes du païs y laissent par les parois, & toutes leurs vitres en sont fournies. L'ordre du service y change souvent; ici les ecrevisses furent servies les premieres, qui partout ailleurs se servoint avant l'issue, & d'une grandeur estrange. En plusieurs hosteleries, des grandes, ils servent tout à couvert. Ce qui fait si fort reluire leurs vitres, c'est qu'ils n'ont point des fenestres attachées à nostre mode,

& que leurs chaſſis ſe remuent quand ils veulent, & fourbiſſent (*a*) leurs verrieres fort ſouvent. M. de Montaigne, le landemein qui eſtoit dimenche, matin, fut voir pluſieurs Egliſes, & aus Catholicques qui ſont en grand nombre, y trouva partout le ſervice fort bien faict. Il y en a ſix Luteriennes & ſeize Miniſtres; les deux des ſix ſont uſurpées des Egliſes Catholicques, les quatre ſont batties par eux. Il en vit une ce matin, qui ſamble une grand'ſalle de Colliege : ny images, ny orgues, ny crois. La muraille chargée de force eſcris en Alemant, des paſſages de la bible; deux cheſes, l'une pour le Miniſtre, & lors il y en avoit un qui prechoit, & au deſſous une autre où eſt celui qui achemine (*b*) le chant des pſalmes. A chaque ver-

---

(*a*) Nettoyent.
(*b*) Entonne, commence.

fet ils atendent que celui là donne le ton au fuivant; ils chantent pefle mefle , qui veut , & couvert qui veut. Après cela un Miniftre qui eftoit dans la prefle , s'en alla à l'autel, où il leut force orefons dans un livre , & à certenes orefons , le peuple fe levoit & joingnoit les meins, & au nom de Jéfus-Chrift faifoit des grandes reverances. Après qu'il eut achevé de lire defcouvert , il avoit fur l'autel une ferviette, une eguiere (*a*) & un faucier (*b*) où il y avoit de l'eau; une fame fuivie de douze autres fames lui prefanta un enfant emmailloté, le vifage découvert. Le Miniftre à tout (*c*) fes doits print trois fois de l'eau dans ce faucier, & les vint lançant fur le vifage de l'enfant & difant certenes paroles.

(*a*) Aiguiere.
(*b*) Une fauciere.
(*b*) Avec.

Cela faiết, deux homes s'aprocharent & chacun d'eus mit deus doigs de la mein droite fur cet enfant : le Miniftre parla à eus, & ce fut fait. M. de Montaigne parla à ce Miniftre en fortant. Ils ne touchent à nul revenu des eglifes, le Senat en public les païe; il y avoit beaucoup plus de preffe en cette églife fule, qu'en deux ou trois Catholicques. Nous ne vifmes nulle belle fame; leurs vetemans font fort differans les uns des autres; entre les homes il eft mal ayfé de diftinguer les nobles, d'autant que toute façon de jans pottent leurs bonets de velours, & tous des efpées au cofté; nous eftions logés à l'enfeigne d'un abre nomé *linde* au païs, joingnant le palais des *Foulcres* (*a*). L'un de cete race

----

(*a*) Fameux Négocians d'Allemagne, qui prêterent des fommes très-confiſérables à Charles-Quint, pendant les guerres de religion. Rabelais parle de ces riches Commerçans.

mourant quelques années y a, laiſſa
deux millions d'eſcus de France
vaillant à ſes heritiers; & ces heritiers, pour prier pour ſon ame,
donnarent aus Jeſuites qui ſont là
trente mille florins contans, de quoi
ils ſe ſont très bien accommodés.
Laditte maiſon des Foulcres eſt couverte de cuivre. En general les maiſons ſont beaucoup plus belles,
grandes & hautes qu'en nulle ville
de France, les rues beaucoup plus
larges; il (*a*) l'eſtime (*b*) de la grandeur d'Orleans. Après diſner nous
fumes voir eſcrimer en une ſale publicque où il y avoit une grand'preſſe, & païe-t-on à l'antrée, com'aus
bâteleurs, & outre cela les ſieges
des bancs. Ils y tirarent au poui-
gnard, à l'eſpée à deus mains, au
bâton à deus bouts, & au braque-

____

(*a*) Montaigne.
(*b*) La ville d'Ausbourg.

F v

mart (*a*); nous vimes après des jeus
de pris à l'arbaleste & à l'arc, en
lieu encore plus magnifique que à
Schafouse. De là à une porte de la
ville par où nous étions entrés, nous
vimes que sous le pont où nous
etions passés, il coule un grand canal
d'eau qui vient du dehors de la ville,
& est conduit sur un pont de bois au
dessous de celui sur lequel on marche, & au dessus de la riviere qui
court par le fossé de la ville. Ce
canal d'eau va bransler certenes roues
en grand nombre qui remuent plusieurs pompes, & haussent par deux
canaus de plomb l'eau d'une fontene
qui est en cet endret fort basse, en
haut d'une tour, cinquante pieds
de haut pour le moins. Là elle se
verse dans un grand vesseau de
pierre, & de ce vesseau par plusieurs
canaus se ravale en bas, & de-là se

____

(*a*) Epée courte & large.

diſtribue par la ville, qui eſt par ce ſul moyen toute peuplée de fontenes. Les particuliers qui en veulent un doit pour eus, il leur eſt permis, en donnant à la vile dix florins de rente ou deux cents florins une fois païés. Il y a quarante ans qu'ils ſe font ambellis de ce riche ouvrage. Les mariages des Catholicques aus Luteriens ſe font ordineremant, & le plus deſireus ſubit les lois de l'autre; il y a mille tels mariages : noſtre hoſte eſtoit Catholique, ſa fame Luterienne. Ils nettoïent les verres à tout (a) une eſpouſette de poil ammanchée au bout d'un bâton; ils diſent qu'il s'y treuve de très beaus chevaus à quarante ou cinquante eſcus. Le corps de la ville fit cet honneur à Meſſieurs d'Eſtiſſac & de Montaigne de leur envoïer preſan-

____

(a) Avec.

ter , à leur fouper , quatorze grands
veſſeaus pleins de leur vin , qui leur
fut offert par ſept ſerjans vêtus de li-
vrées , & un honorable officier de
ville qu'ils conviarent à fouper :
car c'eſt la couſtume , & aus por-
teurs on faiĉt donner quelque choſe;
ce fut un eſcu qu'ils leur firent donner.
L'Officier qui ſouppa avec eus diĉt
à M. de Montaigne, qu'ils eſtoint trois
en la ville ayant charge d'ainſi gratifier
les eſtrangiers qui avoint quelque qualité , & qu'ils eſtoint en cette cauſe en
ſouin de ſçavoir leurs qualités , pour
ſuivant cela, obſerver les cerimonies
qui leur ſont dues : ils donnent plus
de vins aus uns que aus autres. A un
Duc , l'un des Bourguemaiſtres en
vient preſanter : ils nous prindrent
pour barons & chevaliers. M. de
Montaigne , pour aucunes raiſons,
avoit voulu qu'on s'y contrefit , &
qu'on ne diĉt pas leurs conditions,
& ſe promena ſul tout le long du

jour par la ville (*a*) ; il croit que cela mesme servit à les faire honorer davantage. C'est un honeur que toutes les villes d'Allemaigne leur ont faict. Quand il passa par l'Eglise Notre-Dame, ayant un froit extrême, (car les frois commençarent à les picquer au partir de Kempten, & avoint eu jusques lors la plus heureuse seson qu'il est possible), il avoit, sans y penser, le mouchoir au nés, estimant aussi qu'einsi sul & très-mal accommodé, nul ne se prendroit garde de lui. Quand ils furent plus apprivoisés avec lui, ils lui dirent que les gens de l'église, avoint trouvé cete contenance estrange. Enfin il encourut le vice qu'il fuioit le plus, de se rendre remercable par

---

(*a*) On reconnoît bien là Montaigne : c'étoit aussi l'humeur d'Horace : *Quacunque libido est, incedo solus, &c.* lib. 1, sat. 6.

quelque façon ennemie du gouſt de ceus qui le voioient ; car entant qu'en lui eſt , il ſe conforme & range aus modes du lieu où il ſe treuve , & portoit à Auguſte (*a*) un bonet fourré par la ville. Ils diſent à Auguſte, qu'ils ſont exempts, non des ſouris, mais des gros rats, de quoy le reſte de l'Allemaigne eſt infecté , & là deſſus content force miracles, attribuant ce priviliege à l'un de leurs éveſques qui eſt là en terre ; & de la terre de ſa tumbe , qu'ils vendent à petits lopins come une noiſete , ils diſent qu'on peut chaſſer cette vermine , en quelque région qu'on la porte (*b*). Le lundy nous fumes

----

(*a*) Ausbourg.

(*b*) *Voyez* l'Hiſtoire des Rats de Sigrais. Ratopolis (Paris) 1737. La Lettre critique de l'Abbé * * (*des Fontaines*) ſur cette Hiſt. & la Rép. de l'Aut. 1738. Les Mémoires pour ſervir de ſupplément à

voir en l'Eglise Notre-Dame la pompe des noces d'une riche fille de la
ville & lede , avec un facteur des
Foulcres, Vénitian : nous n'y vismes
nulle belle fame. Les Foulcres qui
sont plusieurs, & tous très-riches,
tienent les principaux rengs de cete
ville là. Nous vismes aussi deus sales
en leur maison, l'une haute, grande,
pavée de marbre ; l'autre basse, riche
de médailles antiques & modernes,
avec une chambrette au bout. Ce
sont des plus riches pieces que j'aye
jamais veues. Nous vismes aussi la
danse de cet'assemblée : ce ne furent

---

l'Hist. des Rats, par l'Auteur de l'Europe
illustre, 1753-1754; & sur-tout pour ce
qui concerne les Rats Allemands, *Voyez*
la Cosmographie de Sébast. Munster,
liv. 4, *pag.* ou colon. 1783 *& suiv.* & les
Rats Danois, ou l'Histoire des Rats tom-
bés du ciel , d'*Olaus Wormius*, 1653
Hafniæ.

qu'*Alemandes* : ils les rompent à chaque bout de champ, & ramenent ſeoir les dames qui ſont aſſiſes en des bancs qui ſont par les coſtés de la ſale, à deus rangs, couverts de drap rouge : eus ne ſe meſlent pas à elles. Après avoir faict une petite poſe, ils les vont reprendre : ils baiſent leurs meins, les dames les reçoivent ſans baiſer les leurs, & puis leur metant la mein ſous l'aiſſelle, les embraſſent & joingnent les joues par le coſté, & les dames leur metent la mein droite ſur l'eſpaule (*a*). Ils danſent & les entretiennent, tout deſcouverts, & non fort richemant vetus. Nous viſmes d'autres maiſons de ces Foulcres en autres endrets de la ville, qui leur eſt tenue de tant de deſpances qu'ils amploïent à l'embellir : ce ſont mai-

―――――――――――――

(*a*) Telle eſt encore à-peu-près, à l'exception des baiſers, notre *Allemande*, cette danſe ſi modeſte & ſi noble.

fons de pleifir pour l'efté. En l'une
nous vifmes un horologe qui fe re-
mue au mouvemant de l'eau qui lui
fert de contre pois. Là même deus
grands gardoirs (*a*) de poiffons, cou-
vers, de vint pas en carré, pleins de
poiffon. Par tout les quatre coftés de
chaque gardoir il y a plufieurs petits tuiaus, les uns droits, les autres
courbés contre-mont ; par tous ces
tuiaus, l'eau fe verfe très plefam-
mant dans ces gardoirs, les uns en-
voiant l'eau de droit fil, les autres
s'élançant contre-mont à la hauteur
d'une picque. Entre ces deux gardoirs, il y a place de dix pas de large
planchée d'ais ; au travers de ces ais,
il y a force petites pouintes d'airain
qui ne fe voyent pas. Cependant que
les dames font amufées à voir jouer ce

____

(*a*) Viviers.

poisson, on ne faict que lacher quelque ressort : soudein toutes ces pouintes elancent de l'eau menue & roide
jusques à la teste d'un home, & ram-
plissent les cotillions des dames &
leurs cuisses de cette frecheur (*a*).
En un autre endret où il y a un
tuieau de fontene, plesante, pendant
que vous la regardez, qui veut, vous
ouvre le passage à des petits tuieaus
imperceptibles qui vous jettent de
cent lieus l'eau au visage à petits filets, & là il y a ce mot latin : *Quæ-
sisti nugas, nugis gaudeto repertis.*
(*b*). Il y a aussi une voliere de vint
pas en carré, de douze ou quinze
pieds de haut, fermée par tout d'a-
reschal bien noué & entrelassé ; au

(*a*) *Voyez* la Description de l'ancien
Labyrinthe de Versailles.

(*b*) » Vous cherchiez des amusemens,
» accomodez-vous de ceux-ci. »

dedans dix ou douze sapins, & une
fontene : tout cela est plein d'oiseaus.
Nous y vismes des pigeons de Po-
longne, qu'ils appellent d'*Inde*, que
j'ai veu ailleurs : ils sont gros, & ont
le bec come une perdris. Nous vismes aussi le mesnage d'un Jardinier,
qui prévoïant l'orage des froidures,
avoit transporté en une petite logette
couverte, force artichaus, chous, lé-
tues, epinars, cicorée & autres herbes qu'il avoit ceuillées, come pour
les manger sur le champ, & leur met-
tant le pied dans certene terre, es-
peroit les conserver bones & freches
deus ou trois mois; & de vray, lors
il avoit çant artichaus nullemant fle-
tris, & si les avoit ceuillis il y avoit
plus de six sepmenes. Nous vismes
aussi un instrumant de plomb courbe,
ouvert de deus costés & percé. (Si),
l'ayant une fois rampli d'eau, tenant
les deus trous en haut, on vient tout
soudein & dextrement à le renverser,

fi (*a*) que l'un bout boit dans un veſſeau plein d'eau , l'autre dégoutte au
dehors : ayant acheminé cet eſcoule-
ment , il avient , pour éviter le vuide ,
que l'eau ramplit tousjours le canal
& dégoutte ſans ceſſe (*b*). Les armes
des Foulcres , c'eſt un eſcu mi-party :
à gauche , une flur de lis d'azur en
champ d'or ; à drete une flur de lis
d'or à champ d'azur , que l'Empereur
Charles V leur a données en les ano-
bliſſant. Nous alames voir des jans
qui conduiſoint de Veniſe au Duc
de Saxe , deus autruches ; le maſle eſt
le plus noir & a le col rouge , la
femelle plus griſarde , & pondoit force œufs. Ils les menoint à pied , &
diſent que leurs betes ſe laſſoint moins
qu'eus , & leur echapeoint tous les

(*a*) *Si*, c'eſt-à-dire , de maniere , de
façon que.

(*b*) C'eſt le Siphon.

coups (*a*) ; mais ils les tiennent ata-
chés par un colier qui les fangle par
les reins au deſſus des cuiſſes, & à
un autre au deſſus des eſpaules, qui
entourent tout leurs corps , & ont
des longues laiſſes par où ils les ar-
reſtent ou contournent à leur poſte
(*b*). Le mardy , par une finguliere
courtoiſie des Seigneurs de la ville ,
nous fumes voir une fauſſe-porte (*c*)
qui eſt en ladite ville , par laquelle
on reçoit à toutes heures de la nuiꞔt
quiconque y veut antrer , ſoit à pied,
ſoit à cheval, pourveu qu'il diſe ſon
nom , à qui il a ſon adreſſe dans la
ville , ou le nom de l'hoſtellerie qu'il
cherche. Deus hommes fideles , ga-
gés de la ville , preſident à cette entrée. Les gens de cheval païent deux
bats pour entrer , & les gens de pied

(*a*) A tout moment , continuellement.
(*b*) A leur gré.
(*c*) Une poterne.

un. La porte qui refpond au dehors,
eft une porte reveftue de fer : à côté,
il y a une piece de fer qui tient à une
cheine, laquelle piece de fer on tire;
cette cheine par un fort long chemin & force détours, refpond à la
chambre de l'un de ces portiers, qui
eft fort haute, & bat une clochette.
Le portier de fon lit en chemife, par
certein engin qu'il retire & avance,
ouvre cette premiere porte à plus de
cent bons pas de fa chambre. Celui
qui eft entré fe trouve dans un pont
de quarante pas ou environ, tout
couvert, qui eft au deffus du foffé de
la ville ; le long de ce pont eft un
canal de bois, le long duquel fe meu-
vent les engins qui vont ouvrir cette
premiere porte, laquelle tout fou-
dein eft refermée fur ceus qui font
entrés. Quand ce pont eft paffé, on
fe trouve dans une petite place où
on parle à ce premier portier, &
dict-on fon nom & fon adreffe. Cela

, oui, cetui-ci, à tout (*a*) une clochette, avertit son compaignon qui
est logé un etage au dessous en ce
portal, où il y a grand logis ; cetui-
ci avec un ressort, qui est en une galerie joingnant sa chambre, ouvre en
premier lieu une petite barriere de
fer, & après, avec une grande roue,
hausse le pont-levis, sans que de tous
ces mouvemans on en puisse rien
apercevoir : car ils se conduisent par
les pois du mur & des portes, & soudein tout cela se referme avec un
grand tintamarre. Après le pont, il
s'ouvre une grand'-porte, fort es-
pesse, qui est de bois & renforcée de
plusieurs grandes lames de fer. L'estrangier se trouve en une salle, & ne
voit en tout son chemin nul à qui
parler. Après qu'il est là enfermé,
on vient à lui ouvrir une autre pareille porte ; il entre dans une seconde

---

(*a*) Avec.

falle où il y a de la lumiere : là il treuve un veſſeau d'airain qui pand en bas par une cheine ; il met là l'argent qu'il doit pour ſon paſſage. Cet arjant ſe monte à mont par le portier : s'il n'eſt contant, il le laiſſe là tranper (*a*) juſques au lendemein ; s'il eſt ſatisfait, ſelon la coſtume, il lui ouvre de même façon encore une groſſe porte pareille aus autres, qui ſe clot ſoudein qu'il eſt paſſé, & le voilà dans la ville. C'eſt une des plus artificielles choſes qui ſe puiſſe voir ; la Reine d'Angleterre (*b*) a envoïé un Ambaſſadeur exprès pour prier la Seigneurie de deſcouvrir l'uſage de ces engins : ils diſent qu'ils l'en refuſarent. Sous ce portal, il y a une grande cave à loger cinq cens chevaus à couvert pour recevoir ſecours, ou envoïer à la guerre ſans le ſceu

---

(*a*) En dépôt.
(*b*) La fameuſe Eliſabeth.

du

du commun de la ville. Au partir de
là , nous alames voir l'eglife de Sain-
te-Croix qui eſt fort belle. Ils font là
grand feſte du miracle qui avint il y
a près de cent ans , qu'une fame
n'aïant voulu avaler le corps de Notre Seigneur , & l'ayant oſté de ſa
bouche & mis dans une boîte , en-
veloppé de cire , ſe confeſſa , &
trouva-t-on le tout changé en cher
(a) : à quoy ils alleguent force teſ-
moingnages , & eſt ce miracle eſcrit
en pluſieurs lieus en latin & en alemant. Ils montrent ſous du criſtal ,
cete cire , & puis un petit lopin de
rougeur de cher. Cete églife eſt couverte de cuivre , come la maiſon des
Foulcres , & n'eſt pas là cela fort
rare ; l'églife des Luteriens eſt tout
joingnant cete-cy; com'auſſi ailleurs
ils ſont logés & ſe ſont batis , come
dans les cloitres des églifes Catho-

____

(a) Chair.

licques. A la porte de cete églife, ils ont mis l'image de Notre-Dame tenant Jefus-Chrift, avecques autres Saints & des enfans, & ce mot : *Sinite parvulos venire ad me*, &c. (*a*) Il y avoit en noftre logis un engin de pieces de fer qui tomboint jufques au fons d'un puis fort profond à deus endrets, & puis par le haut un garçon branflant un certein inftrument, & faifant hauffer & baiffer, deus ou trois pieds de haut, ces pieces de fer, elles alloint batant & preffant l'eau au fons de ce puis l'une après l'autre, & pouffant de leurs bombes l'eau, la contreingnent de rejallir par un canal de plomb qui la rand aus cuifines & partout où on en a befoin (*b*). Ils ont un blanchiffeur

---

(*a*) » Laiffez approcher de moi les petits enfans. *Luc*, *ch.* 18, *v.* 16. »

(*b*) On voit que l'Auteur décrit affez curieufement toutes les machines & les

gagé à repaſſer tout ſoudein ce qu'on
a noircy en leurs parois. On y ſervoit
des paſtés & petits & grans , dans des
veſſeaus de terre de la coleur & en-
tieremant de la forme d'une croute
de paſté ; il ſe paſſe peu de repas où
on ne vous préſante des dragées &
boîtes de confitures ; le pein le plus
excellant qu'il eſt poſſible ; les vins
bons , qui en cete nation ſont plus
ſouvent blancs ; il n'en croit pas autour d'Augsbourg , & les font venir
de cinq ou ſix journées de là. De
çant florins que les hoſtes amploïent,
en vin , la Republique en demande
ſoixante , & moitié moins d'un autre
home privé qui n'en achete que pour

-----

inventions qui s'attiroient l'attention de
nos Voyageurs. Si tout cela n'eſt pas fort
clair , les Lecteurs intelligens aideront
aiſément à la lettre, à proportion de l'intérêt qu'ils pourront prendre à ces deſcriptions.

G ij

sa proviſion. Ils ont encore en pluſieurs lieus la coutume de mettre des parfums aus chambres & aus poiles. La ville eſtoit premierement toute Zuinglienne. Depuis , les Catholicques y eſtant rapelés , les Luteriens prindrent l'autre place ; ils ſont aſteure plus de Catholicques en autorité , & beaucoup moins en nombre. M. de Montaigne y viſita auſſi les Jéſuites , & y en trouva de bien ſçavans ; mercredy matin 19 d'Octobre , nous y desjunames. M. de Montaigne ſe pleignoit fort de partir , eſtant à une journée du Danube , ſans le voir , & la ville d'Oulm (*a*) , où il paſſe , & d'un bein à une demie journée au delà qui ſe nome *Sourbronne*. C'eſt un bein , en plat païs , d'eau freche qu'on échauffe pour s'en ſervir à boire ou à beigner : ell'a quelque picqure au gouſt qui la rand

____

(*a*) Ulm.

agréable à boire, propre ans maus
de teste & d'eſtomach ; un bein fameux & où on eſt très magnifiquemant logé par loges fort bien accommodées, comme à Bade, à ce qu'on
nous dict : mais le tamps de l'hyver
ſe avançoit fort, & puis ce chemin
eſtoit tout au rebours du noſtre, &
eût fallu revenir encore ſur nos pas
à Auguſte : & M. de Montaigne
fuïoit fort de repaſſer meſme chemin. Je laiſſai un eſcuſſon des armes
de M. de Montaigne au devant de
la porte du poile où il étoit logé,
qui eſtoit fort bien peint, & me cota
(*a*) deux eſcus au peintre, & vint
ſolds au menuiſier (*b*). Elle eſt bei-
gnée dé la riviere de Lech, *Lycus.*
Nous paſſames un très-beau païs &
fertile de bleds & viſmes (*c*) coucher à

(*a*) Coûta.
(*b*) Pour la bordure ou le cadre.
(*c*) Vinmes.

BRONG, cinq lieues, gros village en très belle assiette, en la Duché de Bavieres, catholicque. Nous en partîmes lendemein qui fut jeudy 20 d'octobre, & après avoir continué une grand'pleine de bled, (car cete eontrée n'a point de vins) & puis une prairie autant que la veue se peut étandre, vismes disner à

MUNICH, quatre lieues, grande ville environ come Bourdeaux, principale du Duché de Bavieres, où ils ont (*a*) leur maistresse demeure sur la riviere d'Yser, Ister. *Elle* a un beau château & les plus belles écueiries que j'aye veues en France ny Italie, voutées, à loger deux cens chevaus. C'est une ville fort catholicque, peuplée, belle & marchande. Depuis une journée au dessus d'Auguste, on peut faire estat pour la despense à quatre livres par jour

------

(*a*) Les Electeurs.

home & cheval , & quarante folds
home de pied , pour le moins. Nous
y trouvames des rideaux en nos
chambres & pouint de ciels (*a*) , &
toutes chofes au demeurant fort propres ; ils netoïent leurs planchiers à
tout (*b*) de la fieure de bois qu'ils
font bouillir. On hache partout en
ce païs là des raves & naveaux avec
même fouin & preffe , com'on bat les
bleds ; fept *ou* huict hommes ayant en
chaque mein des grands couteaus y
battent avec mefure dans des vef-
feaus , come nos treuils : cela fert ,
come leurs chous cabus , à mettre
faler pour l'hiver. Ils rampliffent de
ces deus fruits là , non pas leurs jardins , mais leurs terres aus chans ,
& en font meftives (*c*). Le Duc qui

(*a*) De lit.

(*b*) Avec.

(*c*) Récoltes.

y est à presant , a epousé la sur *(a)*
de M. de Lorene *(b)* , & en a deux
enfans males grandets , & une fille.
Ils sont deux freres en mesme ville;
ils estoint allés à la chasse , & dames
& tout *(c)* , le jour que nous y fûmes. Le vendredy matin nous en
partimes , & au travers des forets
dudit Duc , vismes un nombre infiny
de betes rousses *(d)* à troupeaux,
come moutons , & vismes d'une
trete à

KINIEF , chetif petit village , six
lieues , en ladite duché. Les Jésuites
qui gouvernent fort en cete contrée,
ont mis un grand mouvemant, & qui
les faict haïr du peuple , pour avoir
faict forcer les prestres de chasser
leurs concubines , sous grandes pei-

(a) Sœur.
(b) Charles II ou III.
(c) Et leur suite.
(d) Fauves.

nes ; & à les en voir pleindre , il
samble qu'antienemant cela leur fuст
si toleré qu'ils en usoint come de
chose légitime , & sont encore après
à faire là-dessus des remontrances à
leur Duc. Ce sont là les premiers
eufs qu'on nous eût servy en Allemaigne en jour de poisson , ou autremant , sinon en des salades , à quartiers. Aussi on nous y servit des gobelets de bois à douëlles (*a*) & cer-
cles , parmi plusieurs d'arjant. La
demoiselle (*b*) d'une meson de jantil'home qui estoit en ce village , envoïa de son vin à M. de Montaigne.
Le samedy bon matin , nous en partismes ; & après avoir rancontré à notre mein droite , la riviere Yser , &
un grand lac au pied des mons de
Baviere , & avoir monté une petite

(*a*) Douves.
(*b*) C'est-à-dire, la dame , la femme
d'un Gentilhomme.

G v

montaigne d'une heure de chemin,
au haut de laquelle il y a une infcription qui porte qu'un Duc de
Baviere avoit faict percer le rochier
il y a cent ans ou environ, nous
nous engoufframes tout à faict dans le
vantre des Alpes, par un chemin aysé
comode & amufémant (*a*) entretenu,
le beau temps & fercin nous nous
y aydant fort. A la defcente de cette
petite montaigne, nous rancontrames un très-beau lac d'une lieue de
Guafcogne de longeur & autant de
largeur, tout entourné de très hautes & inacceffibles montaignes ; &
fuivant toujours cete route, au bas
des mons, rancontrions par fois de
petites pleines de preries très-plefantes, où il y a des demeures (*b*), &
vinfmes coucher d'une trete à

***

(*a*) Agréablement, peut-être planté en
avenue.

(*b*) Maifons.

MITEVOL, petit village au duc de Baviere, affez bien logé (*a*) le long de la riviere d'Yfer. On nous y fervit les premieres chataignes que on nous avoit fervi en Allemaigne, & toutes crues. Il y a là une étuve en l'hoftellerie où les paffans ont accoutumé de fe faire fuer, pour un bats & demy. J'y allai (*b*), cependant que Meffieurs foupoint. Il y avoit force Allemans qui s'y faifoint corneter (*c*) & feigner. Lendemein dimanche matin 23 d'octobre, nous continuames ce fantier entre les mons, & rancontrames fur icelui une porte & une meifon qui ferme le paffage. C'eft l'antrée du païs de Tirol, qui appertient à l'Archiduc d'Auftriche : nous vinfmes difner à

SECFELDEN, petit village &

(*a*) Situé, affis.
(*b*) Le Secrétaire de Montaigne.
(*c*) Ventoufer.

Abbaïe, trois lieues, plefante affiete :
l'églife y eft affez belle, fameufe d'un
tel miracle. En 1384, un quidam,
qui y eft nomé ès tenans & aboutif-
fans, ne fe voulant contanter le jour
de Pafques, de l'hoftie commune,
demande (*a*) la grande (*b*), & l'ayant
en la bouche, la terre s'entrouvrit
fous luy, où il fut englouty jufques
au col, & s'ampouigna (*c*) au couin
de l'autel ; le preftre lui ofta cete oftie de la bouche. Ils montrent encor
le trou, couvert d'une grille de fer,
& l'autel qui a reçu l'impreffion des
doigts de cet home, & l'oftie qui

(*a*) Apparemment celle qui étoit expo-
fée fur l'Autel, dans le fufpenfoir ou dans
le foleil, & peut-être celle du célébrant.

(*b*) La Chronique ou Légende dit qu'il
la prit de force.

(*c*) C'eft-à-dire, S'accrocha : ce qui
donna le tems au Prêtre de rattraper l'hoftie.

est toute rougeastre , come des gouttes de sang. Nous y trouvames aussi un ecrit recent, en latin , d'un Tirolien qui ayant avalé quelques jours auparavant un morceau de cher qui lui étoit arreté au gosier , & ne le pouvant avaler ny randre par trois jours , se voua , & vint en cete église où il fut soudein guery. Au partir de là , nous trouvames en ce haut où nous etions , aucuns beaus vilages; & puis etant devalés une descente de demie heure , rancontrames au pied d'icelle une belle bourgade bien logée , & au dessus sur un rochier coupé , & qui samble inaccessible , un beau chasteau qui comande le chemin de cete descente qui est étroit & antaillé dans le roc. Il n'y a de longueur (a) un peu moins qu'il n'en faut à une charrete commune, come

---

(a) Ou plutot de largeur.

il eſt bien (*a*) ailleurs en pluſieurs lieus entre ces montaignes : en maniere que les charretiers qui s'y embarquent ont accoutumé de retenir les charetes communes d'un pied pour le moins. Delà nous trouvames un vallon d'une grande longeur, au travers duquel paſſe la riviere d'Inn, qui ſe va randre à Vienne dans le Danube. On l'appelle en latin *Ænus*. Il y a cinq ou ſix journées par eau d'Inſprug juſques à Vienne. Ce vallon ſambloit à M. de Montaigne, repreſanter le plus agreable païſage qu'il eût jamais veu ; tantôt ſe reſerrant, les montaignes venant à ſe preſſer, & puis s'eſlargiſſant aſteure de noſtre coſté, qui eſtions à mein gauche de la riviere, & gaignant du païs à cultiver & à labourer dans la pante meſmes des mons qui n'eſtoint pas ſi

----

(*a*) C'eſt-à-dire, comme on en trouve ailleurs.

droits, tantot de l'autre part; & puis decouvrant des pleines à deus ou trois etages l'une sur l'autre, & tout plein de beles meisons de jantil'homes & des églises. Et tout cela enfermé & emmuré de tous cotés de mons d'une hauteur infinie. Sur notre coté nous découvrimes dans une montaigne de rochiers, un crucifix, en un lieu où il est impossible que nul home soit alé sans artifice de quelques cordes, par où il se soit devalé d'en haut. Ils disent que l'Empereur Maximilien, aieul de Charles V, alant à la chasse, se perdit en cete montaigne, & pour tesmoingnage du dangier qu'il avoit echappé, fit planter cete image. Cete histoire est aussi peinte en la ville d'Auguste, en la salle qui sert aus tireurs d'arbaleste. Nous nous rendismes au soir à

INSPRUG, trois lieues. Ville principale du Conté de Tirol, *Æno-pontum* en latin. Là se tient Fernand

(*a*), Archiduc d'Auſtriche : une très-
belle petite ville & très-bien baſtie
dans le fond de ce vallon , pleine
de fonteines & de ruiſſeaus , qui eſt
une commodité fort ordinere aus
villes que nous avons veu en Allemaigne & Souiſſe. Les meiſons ſont
quaſi toutes batties en forme de ter-
raſſe. Nous logeames à la Roſe , très-
bon logis : on nous y ſervit des aſſietes d'eſtein. Quant aus ſervietes à la
Franceſe , nous en avions des-ja eu
quelques journées auparavant. Autour des licts il y avoit des rideaus
en aucuns ; & pour monſtrer l'humeur de la nation , ils eſtoint beaus
& riches , d'une certene forme de
toile , coupée & ouverte en ouvrages,
courts au demeurant & etroits , ſome
(*b*) de nul uſage pour ce à quoy nous
nous en ſervons , & un petit ciel de

(*a*) Ou Ferdinand.
(*b*) En ſomme , enfin.

trois doigts de large , à tout (*a*) force
houpes. On me dona pour M. de
Montaigne des linceu's, où il y avoit
tout au tour quatre doigts de riche
ouvrage de passemant blanc , come
en la pluspart des autres villes d'Allemaigne. Il y a toute la nuict des
jans qui crient les heures qui ont
soné, parmi les rues. Partout où nous
avons esté ils ont cete coutume de
servir du poisson parmi la cher ; mais
non pourtant au contrere , aus jours
de poisson , mesler de la cher , au
moins à nous. Le lundy nous en partismes cotoïant ladite riviere d'Inn
à notre mein gauche , le long de
cette belle pleine ; nous allames disner à

HALA , (*b*) deux lieues , & fî-
mes ce voïage seulemant pour la voir.

(*a*) Avec.
(*b*) Hall sur l'Inn.

C'eſt une petite ville comme Inſprug, de la grandeur de Libourne ou
environ, ſur ladite riviere, que nous
repaſſames ſur un pont. C'eſt delà où
ſe tire le ſel qui fournit à toute l'Allemaigne, & s'en faict toutes les
ſepmeines neuf çans peins, à un eſcu la piece. Ces peins ſont de l'épeſ-
ſeur d'un demy muy, & quaſi de cete
forme ; car le veſſeau qui leur ſert
de moule eſt de cete ſorte. Cela aper-
tient à l'Archiduc : mais la deſpenſe
en eſt fort grande. Pour le ſervice de
ce ſel, je vis là plus de bois enſamble que je n'en vis jamais ailleurs ;
car ſous pluſieurs grandes poiles de
lames de fer, grandes de trente bons
pas en rond, ils font bouillir cet' eau
ſalée, qui vient là de plus de deus
grandes lieues, de l'une des montaignes voiſines, de quoy ſe faict leur
ſel. Il y a pluſieurs belles égliſes, &
notamment celle des Jéſuites, que

M. de Montaigne viſita, & en fit autant à Inſprug ; d'autres (a) qui ſont
magnifiquemant logés & accommodés. Après diſner reviſmes encore ce
côté de riviere, d'autant qu'une belle
maiſon où l'Archiduc Fernand d'Auſtriche ſe tient eſt en cet endroit, auquel M. de Montaigne vouloit baiſer
les meins, & y eſtoit paſſé au matin ;
mais il l'avoit trouvé empeſché au
Conſeil, à ce que lui dit un certein
Conte. Après diſner, nous y repaſſames, & le trouvames dans un jardin, au moins nous penſames l'avoir
entreveu ; ſi eſt-ce que ceus qui alarent vers lui pour lui dire que Meſſieurs eſtoint là & l'occaſion, rap-
portarent qu'il les prioit de l'excuſer,
mais que lendemein il ſeroit plus en
commodité ; que toutefois s'ils avoint
beſouin de ſa faveur, ils le fiſſent

(a) Religieux.

entendre à un certein Conte Milanois. Cete fredur (*a*), joint qu'on ne leur permit pas fulemant de voir le chafteau, offença un peu M. de Montaigne ; & come il s'en pleignoit ce mefme jour à un Officier de la maifon, il lui fut refpondu que ledit Prince avoit refpondu, qu'il ne voïoit pas volontiers les François, & que la Maifon de France eftoit ennemie de la fienne. Nous revifmes à

ISPRNUG, deux lieues. Là nous vifmes en une églife, dix-huit effigies de bronfe très-belles des Princes & Princeffes de la Maifon d'Auftriche. Nous allafmes auffi affifter à une partie du fouper du Cardinal d'Auftriche & *du* Marquis de Burgaut, enfants dudit Archiduc, &

(*a*) Froideur, ce mot eft écrit fuivant la prononciation Gafcone ; on en trouvera quantité d'autres écrits de même.

d'une concubine de la ville d'Auguſte, fille d'un marchand, de laquelle
ayant eu ces deux fils & non autres,
il l'eſpouſa pour les legitimer ; &
cete meſme année ladite fame eſt
treſpaſſée. Toute la Cour en porte
encore le dueil. Leur ſervice fut à
peu-près come de nos Princes ; la
ſalle eſtoit tandue & le dais & cheſes
de drap noir. Le Cardinal eſt l'ainé,
& crois qu'il n'a pas vingt ans. Le
Marquis ne boit que du bouchet (a),
& le Cardinal du vin fort meſlé (b).
Ils n'ont point de nef (c), mais ſont
à demourant (d), & le ſervice des
viandes à noſtre mode. Quand ils
viennent à ſe ſoir, c'eſt un peu loing

(a) Hipocras fait avec de l'eau, du
ſucre & de la canelle.

(b) D'eau.

(c) Etui ou boîte où ſe met le couvert
des Princes & des Rois.

(d) A découvert.

de table, & on la leur approche
toute chargée de vivres; le Cardinal
au deſſus : car leur deſſus eſt touſiours le coſté droit. Nous viſmes en
ce palais des jeus de paulme & un
jardin aſſes beau. Cet Archiduc eſt
grand batiſſeur , & deviſeur de telles
commodités. Nous viſmes chez lui
dix ou douze pieces de campaigne ,
portant come un gros œuf d'oïe ,
montées ſur roues, le plus dorées &
enrichies qu'il eſt poſſible , & les
pieces meſmes toutes dorées. Elles ne
ſont que de bois , mais la bouche eſt
couverte d'une lame de fer , & tout
le dedans doublé de meſme lame. Un
ſeul home en peut porter une au
col , & leur faict tirer non pas ſi
ſouvant, mais quaſi auſſi grans coups
que de fonte. Nous viſmes en ſon
chaſteau aus champs , deus beufs
d'une grandeur inuſitée , tous gris, à
la teſte blanche , que M. de Ferrare
lui a donné; car ledit Duc de Ferarre

a efpoufé une de fes feurs, celui de Florance l'autre, celui de Mantoue une autre. Il en avoit trois à Hala, qu'on nomoit *les trois Reines*; car aus filles de l'Empereur on done ces titres là, come on en appelle d'autres Conteffes ou Ducheffes, à caufe de leurs terres; & leur donne-t-on le furnom des Royaumes que jouit (*a*) l'Empereur. Des trois, les deus font mortes; la troifiefme y eft encore, que M. de Montaigne ne fceut (*b*) voir. Elle eft renfermée come religieufe, & a là recueilly & eftably les Jefuiftes. Ils tiennent là que ledit Archiduc ne peut pas laiffer fes biens à fes enfans, & qu'ils retournent aus fucceffeurs de l'Empire; mais ils ne nous fceurent faire entandre la caufe, & ce qu'ils difent de fa fame, d'autant qu'elle n'étoit point de li-

(*a*) Poffféde.
(*b*) Put.

gnée convenable , puifqu'il l'efpou-
fa ; & chacun tient qu'elle étoit légitime , & les enfans, il n'y pas d'ap-
parance. Tant y a qu'il faiᵹᵗ grand
amas d'efcus , pour avoir de quoy
leur donner. Le mardy nous partifmes au matin & reprimes notre
chemein , traverfant cete pleine , &
fuivant le fantier des montaignes. A
une lieue du logis montames une
petite montaigne d'une heure de hauteur , par un chemin ayfé. A mein
gauche, nous avions la veue de plufieurs autres montaignes , qui , pour
avoir l'inclination plus étandue &
plus molle , font ramplies de villages , d'églifes , & la plufpart cultivées
jufques à la cime, très-plefantes à voir
pour la diverfité & variété des fites.
Les mons de mein droite étoint un
peu plus fauvages , & n'y avoit qu'en
des endroits rares (*a*) , où il y eût ha-

____

(*a*) Unis, clairs,

bitation.

bitation. Nous paſſames pluſieurs ruiſſeaus ou torrans, aiant les cours divers; & ſur noſtre chemin, tant au
haut qu'au pied de nos montaignes,
trouvames force gros bourgs & villages, & pluſieurs belles hoſtelle-
ries, & entr'autres choſes deus chaſ-
teaus & meſons de jantilshomes ſur
notre mein gauche. Environ quatre
lieues d'Isbourg, à notre mein droite, ſur un chemin fort étroit, nous
rancontrames un tableau de bronze
richemant labouré, ataché à un rochier, avec cete inſcription latine:
» Que l'Empereur Charles cinquieſ-
» me revenant d'Eſpaigne & d'Ita-
» lie, de recevoir la couronne im-
» périale, & Ferdinand, Roi de Hon-
» grie & de Boheme, ſon frere, ve-
» nant de Pannonie, s'entrecher-
» chans, après avoir été huit ans ſans
» ſe voir, ſe rencontrarent en cet
» endroit, l'an 1530, & que Ferdi-
» nand ordonna qu'on y fit ce mé-

Tome I. H

„ moire " , où ils font reprefantés s'ambraffant l'un l'autre. Un peu après , paffant audeffous d'un portal qui enferme le chemin , nous y trouvames des vers latins faifant mantion du paffage dudict Empereur , & logis en ce lieu là , ayant prins le Roy de France (*a*) & Rome (*b*). M. de Montaigne difoit s'agréer fort en ce détroit , pour la diverfité des objects qui fe prefantoint , & n'y trouvions incommodité que de la plus efpeffe & infupportable pouffiere que nous euffionsjamais fanty, qui nous accompaigna en tout cet entredeus des montaignes. Dix heures après , M. Montaigne difoit que c'eftoit la lune de fes tretes (*c*) : il eft vrai que fa couf-

---

(*a*) François I , fait prifonnier à Pavie.

(*b*) Rome fut prife par le Conétable de Bourbon , qui y fut tué par un Prêtre *Brantome.*

(*c*) Parce que cette pouffiere obfcur-

tume eſt, ſoit qu'il aye à arreſter en chemin ou non, de faire manger l'avoine à ſes chevaus, avant partir au matin du logis. Nous arrivames, & lui, touſiours à jun, de grand nuict à

STERZINGUEN, ſept lieues. Petite ville dudit conté de Tirol, aſſés jolie, audeſſus de laquelle, à un quart de lieue, il y a un beau chateau neuf. On nous ſervit là les peins tous en rond, ſur la table, jouins l'un à l'autre. En toute l'Allemaigne, la mouſtarde ſe ſert liquide & eſt du gouſt de la mouſtarde blanche de France. Le vinaigre eſt blanc partout. Il ne croit pas du vin en ces montaignes, oui bien du bled en quaſi aſſez grand'-abondance pour les habitans ; mais on y boit de très bons vins blancs. Il

ciſſant le jour, ne lui laiſſoit, ainſi que la lune, que ce qu'il falloit de clarté pour ſe conduire.

y a une extreme fureté en tous ces
paffages, & font extrememant fréquentés de marchands, voituriers &
charretiers. Nous y eufmes, au lieu
du froid, de quoy on decrie ce paffage, une chaleur quafi infupportable. Les fames de cete contrée portent des bonnets de drap, tout pareils à nos toques, & leurs poils tref-
fés & pandans comme ailleurs. M.
de Montaigne rancontrant une jeune
belle garfe (*a*), en un'Eglife, lui
demanda fi elle ne fçavoit pas parler
latin, la prenant pour un efcolier.
Il y avoit là des rideaus aus liéts, qui
eftoint de groffe toile teinte en rouge, mi-partie par le travers de quattre
en quattre dois; l'une partie eftant
de toile plein, l'autre les filets tirés.

(*a*) On nommoit autrefois ainfi les
jeunes filles, fans y attacher rien d'in-
jurieux. *Garce* eft l'homonyme féminin
de garçon.

Nous n'avons trouvé nulle chambre ny falle, en tout noftre voyage d'Allemaigne, qui ne fût lambriffée, etant les planchiers fort bas. M. de Montaigne eut cette nuict la colicque deus ou trois heures, bien ferré, à ce qu'il dit lendemein, & ce lendemein à fon lever fit une pierre de moienne groffeur, qui fe brifa ayféemant. Elle eftoit jaunatre par le dehors, & brifée, au dedans plus blanchatre. Il s'eftoit morfondu le jour auparavant & fe trouvoit mal. Il n'avoit eu la colicque depuis celle de Plommieres (a). Cete-ci lui ofta une partie du foupçon en quoy il eftoit, que il lui etoit tumbé audit Plommieres, plus de fable en la veffie qu'il n'en avoit randu, & creignoit qu'il s'y fuft arrefté là quelque matiere qui fe print & colat; mais voiant qu'il avoit rendu cete-ci, il trouve

---

(a) Plombieres.

raisonnable de crere qu'elle se fût
attachée aus autres, s'il y en eût eu.
Dès le chemin il se pleignoit de ses
reins, qui fut cause, dict-il, qu'il
alongea cete trete, & estimant estre
plus soulagé à cheval, qu'il n'eût esté
ailleurs. Il apella en cette Ville le
maistre d'école, pour l'entretenir de
son latin; mais c'etoit un sot de qui
il ne put tirer nulle instruction des
choses du païs. Lendemein après des-
juner, qui fut mercredy 26 d'Octobre, nous partimes de là par une
pleine de la largeur d'un demy quart
de lieue, ayant la riviere de Aïsoc
(*a*) à nostre coté droit; cete pleine
nous dura environ deus lieues, &
audessus des montaignes voisines (*b*),
plusieurs lieus cultivés & habités souvent entiers (*c*), dont nous ne pou-

––––––––––––––––––––––––––––––

(*a*) Eisock.
(*b*) Suppléez, *nous voïons*.
(*c*) Plains, unis.

vions aucunemant diviner les avenues.
Il y a ſur ce chemin quattre ou cinq
chateaus. Nous paſſames après la riviere ſur un pont de bois , & la ſuivimes
de l'autre coſté. Nous trouvames pluſieurs pioniers qui acoutroint les chemins , ſulemant parce qu'ils eſtoint
pierreux environ (*a*) come en Peri-
gort. Nous montames après , au travers
d'un portal de pierre , ſur un haut ,
où nous trouvames une pleine d'une
lieue ou environ , & en decouvrions,
de là (*b*) la riviere , une autre de
pareille hauteur ; mais toutes deus
ſteriles & pierreuſes ; ce qui reſtoit le
long de la riviere audeſſous de nous ,
c'eſt de très-belles preries. Nous vinmes ſouper d'une trete à

BRIXE (*c*) , quattre lieues. Très-
belle petite ville , au travers de la-

(*a*) A-peu-près.
(*b*) Au-delà de.
(*c*) Brixen.

quelle paſſe cete riviere (*a*) , ſous un
pont de bois : c'eſt un Eveſché. Nous
y viſmes deus très belles Egliſes , &
fumes logés à l'Aigle , beau logis. Sa
pleine n'eſt guiere large ; mais les
montaignes d'autour , meſmes ſur
noſtre mein gauche , s'étandent ſi
mollemant qu'elles ſe laiſſent teſton-
ner & peigner juſques aus oreilles.
Tout ſe voit ramply de clochiers &
de villages bien haut dans la montaigne , & près de la ville , pluſieurs
belles maiſons très pleſammant baſ-
ties & aſſiſes. M. de Montaigne diſoit : ” QU'IL s'etoit toute ſa vie
” meſſié du jugemant d'autruy ſur le
” diſcours des commodités des païs
” eſtrangiers , chacun ne ſçachant
” gouſter que ſelon l'ordonnance de
” ſa couſtume & de l'uſage de ſon
” village , & avoit faict fort peu d'eſ-
” tat des avertiſſemans que les Voia-

(*a*) L'Eiſock.

» geurs lui donnoint : mais en ce lieu,
» il s'esmerveilloit encore plus de
» leur betise, aïant, & notamant en
» ce voïage, oui dire que l'entredeus
» des Alpes en cet endroit etoit plein
» de difficultés, les meurs des homes
» estranges, chemins inaccessibles,
» logis sauvages, l'air insuportable.
» Quant à l'air, il remercioit Dieu
» de l'avoir trouvé si dous, car il in-
» clinoit plustot sur trop de chaud
» que de froit ; & en tout ce voïage,
» jusques lors, n'avions eu que trois
» jours de froit & de pluïe environ
» une heure ; mais que du demourant
» s'il avoit à promener sa fille, qui
» n'a que huit ans (a), il l'aimeroit
» autant en ce chemin, qu'en une

(a) Leonor, fille unique de Montaigne. Il fait son éloge, *Essais*, *liv.* 2,
ch. 8, *& liv.* 3, *ch.* 5. *Voyez* aussi les
Lettres de Pasquier, *liv.* 18, *lett.* 1.

H v

» allée de son jardin ; & quant aus
» logis , il ne vit jamais contrée où
» ils fussent si drus semés & si beaus,
» aïant tous-jours logé dans belles
» villes bien fournies de vivres, de
» vins , & à meilleure raison qu'ail-
» leurs ". Il y avoit là une façon de
tourner la broche qui estoit d'un engin à plusieurs roues ; on montoit à
force une corde autour d'un gros vesseau de fer. Elle venant à se deban-
der, on arrestoit son reculemant , en
maniere que ce mouvement duroit
près d'une heure, & lors il le failloit
remonter : quant au vent de la fumée , nous en avions veu plusieurs.
Ils ont si grande abondance de fer,
qu'outre ce que toutes les fenestres
sont grillées & de diverses façons,
leurs portes , mesmes *les* contre fenestres , sont couvertes de lames de
fer. Nous retrouvames là des vignes,
de quoy nous avions perdu la veue

avant Auguſte (*a*). Icy autour , la
pluſpart des maiſons ſont voutées à
tous les etages. Ce qu'on ne ſçait
pas faire en France , de ſe ſervir du tuile creux à couvrir des
pantes fort etroites , ils le font en
Allemaigne , voire & des clochiers.
Leur tuile eſt plus petit & plus creux,
& en aucuns lieus platré ſur la jouin-
ture. Nous partimes de Brixe lendemein matin , & rencontrames cete
meſme valée fort ouverte , & les
coutaux la pluſpart du chemin en-
richis de pluſieurs belles maiſons.
Aïant la riviere d'Eiſoc ſur notre
mein gauche , paſſames au travers
une petite Villette , où il y a pluſieurs
Artiſans de toutes ſortes , nomée
Clauſe : de là vinſmes diſner à.

COLMAN , trois lieues , petit village où l'Archiduc a une maiſon de
pleiſir. Là on nous ſervit des gobelets

____

(*a*) Ausbourg.

H vj

de terre peinte parmy ceus d'arjant,
& y lavoit-on les verres avec du sel
blanc; & le premier service fut d'une
poile bien nette, qu'ils mirent sur
la table à tout (*a*) un petit instrumant de fer, pour appuyer & lui
hausser la quë (*b*). Dans cete poile,
il y avoit des œufs pochés au burre.
Au partir de là, le chemin nous serra
un peu, & aucuns rochiers nous
pressoint, de façon que le chemin se
trouvant etroit pour nous & la riviere ensamble, nous etions en dangier de nous chocquer, si on n'avoit
mis entr'elle & les passans, une barriere de muraille, qui dure en divers
endroits plus d'une lieue d'Allemaigne. Quoyque la pluspart des montaignes qui nous touchoint là, soint
des rochiers sauvages, les uns mas-
sifs, les autres crevassés & entretom-

(*a*) Avec.
(*b*) Queue.

pus par l'ecoulemant des torrans, &
autres ecailleus qui envoyent au bas
pieces infinies d'une étrange grandeur, je croy qu'il y faict dangereux
en rems de grande tourmente, come
ailleurs. Nous avons auffi veus des
forets entieres de fapins, arrachées
de leur pied & amportans avec leur
cheute des petites montaignes de
terre, tenant à leurs racines : fi eft-
ce que le païs eft fi peuplé, qu'au-
deffus de ces premieres montaignes,
nous en voyions d'autres plus hautes
cultivées & logées (a), & avons
aprins qu'il y a audeffus des grandes
& belles pleines qui fourniffent de
bled aus villes d'audeffous, & des
très riches laboureurs & des belles
meifons. Nous paffames la riviere fur
un Pont de bois, de quoy il y en a
plufieurs, & la mifmes à notre mein
gauche. Nous defcouvrimes, entr'au-

(a) Bâties.

tres, un Chateau à une hauteur de montaigne la plus eminente & inaccessible qui se presantat à notre veue, qu'on dict être à un Baron du païs, qui s'y tient & qui a là haut, un beau païs & belles chasses. Audelà de toutes ces montaignes, il y en a tous iours une bordure des Alpes: celles-là, on les laisse en paix, & brident l'issue de ce detroit; de façon qu'il faut tous-iours revenir à nostre canal & ressortir par l'un des bouts. L'Archiduc tire de ce conté (*a*) de Tirol, duquel tout le revenu consiste en ces montaignes, trois çans mille florins par an; & a mieus de quoi delà, que du reste de tout son bien. Nous passames encore un coup la riviere sur un Pont de pierre, & nous rendismes de bonne heure à

BOLZAN, quatre lieues. Ville de la grandeur de Libourne, sur ladite

____

(*a*) Comté.

riviere, assés mal plesante au pris des autres d'Allemaigne ; de façon que M. de Montaigne s'ecria, »qu'il con- » noissoit bien qu'il commançoit à » quiter l'Allemaigne : " les rues plus estroites, & point de belle place publicque. Il y restoit encore fon- teines , ruisseaus , peintures & ver- rieres. Il y a là si grande abondance de vins, qu'ils en fournissent toute l'Al- lemaigne. Le meilleur pein du mon- de se mange le long de ces montai- gnes. Nous y vismes l'Eglise qui est des belles. Entre autres , il y a des orgues de bois ; elles sont hautes , près le Crucifix , devant le grand Au- tel ; & si (a) celui qui les sone se tient plus de douze pieds plus bas au pilier où elles sont attachées, & les soufflets sont audelà le mur de l'Eglise , plus de quinze pas derriere l'Organiste , & lui fournissent leur

____

(a) *Et si*, cependant.

vent par dessous terre. L'ouverture où
est cete ville n'est guiere plus grande
que ce qui lui faut pour se loger;
mais les montaignes mêmes sur notre
mein droite, etandent un peu leur
vantre & l'alongent. De ce lieu M.
de Montaigne escrivit à *François
Hottoman*, qu'il avoit veu à Basle :
» Qu'il avoit pris si grand plesir à la
» visitation d'Allemaigne, qu'il l'a-
» bandonnoit à grand regret, quoy-
» que ce fût en Italie qu'il aloit ; que
» les Estrangiers avoint à y souffrir
» come ailleurs de l'exaction des hos-
» tes, mais qu'il pensoit que cela se
» pourroit corriger (*a*), qui ne seroit
» pas à la mercy des guides & tru-
» chemens qui les vandent & parti-
» cipent à ce profit (*b*). Tout le de-
» mourant lui sambloit plein de com-

(*a*) Sous-entendu, par celui, par le
Voyageur, qui, &c.
(*b*) Qu'au reste, tout,..

» modité & de courtoisie, & surtout
» de justice & de sûreté ". Nous partimes de Bolzan le vendredy bon
matin , & vinmes donner une mesure d'avoine & desjûner à

BROUNSOL , deux lieues. Petit
village audessus duquel la riviere
d'Eysock , qui nous avoit conduit
jusques là , se vient mesler à celle
d'Adisse (*c*) , qui court jusques à la
mer Adriatique , & court large &
paisible , non plus à la mode de celles
que nous avions rancontré parmy ces
montaignes , audessus bruiantes & fu-
rieuses. Aussi cete pleine , jusques à
Trante , commance de s'alargir un
peu, & les montaignes à baisser un
peu les cornes en quelques endrets;
si est ce qu'elles sont moins fertiles
par leurs flancs que les precedantes.
Il y a quelques marets, en ce vallon,
qui serrent le chemin , le reste très

(*a*) L'Adige.

aysé & quasi tous-iours dans le fons & plein. Au partir de Brounsol , à deux lieues , nous rencontrames un gros bourg où il y avoit fort grande affluence de peuple , à-cause d'une foire. Delà un autre village bien basti , nommé *Solorne* , où l'Archiduc a un petit Chateau , à notre mein gauche , en étrange assiete , à la teste d'un rochier. Nous en vinsmes coucher à

TRANTE , cinq lieues. Ville un peu plus grande que Aagen *(a)* , non guieres plesante , & ayant dutout perdu les graces des villes d'Allemaigne : les rues la pluspart etroites & tortues. Environ deux lieues avant que d'y arriver , nous étions entrés au langage Italien. Cete ville y est my partie en ces deus langues , & y a un

---

(a) Agen , capitale de l'Agénois , dans la Gascogne , patrie de Joseph Scaliger.

quartier de ville & Eglise , qu'on
nome des Allemans, & un precheur
de leur langue. Quant aus nouvelles
religions, il ne s'en parle plus depuis
Auguste (*a*). Elle est assise sur cete
riviere d'Adisse (*b*). Nous y vismes le
dome , qui samble estre un batimant
fort antique ; & bien près de là , il
y a une tour quarrée , qui resmoingne
une grande antiquité. Nous vismes
l'Eglise nouvelle , Notre-Dame, où
se tenoit (*c*) notre Concile. Il y a en
cete Eglise des orgues qu'un home
privé y a données , d'une beauté
excellente , soublevées en un batimant de mabre (*d*), ouvré & la-

––––––––––––––––––––––––––

(*a*) Ausbourg.

(*b*) D'Adige.

(*c*) C'est-à-dire, où s'étoit tenu le dernier Concile œcuménique , qui dura
près de dix-huit ans, & ne finit qu'en
1563.

(*d*) Marbre. Le Peuple dit encore mâ-
bre, & âbre, pour arbre.

bouré de plusieurs excellentes statues, & notamment de certins petits
enfans qui chantent (*a*). Cete Eglise
fut batie, com'elle dict, par *Ber-
nardus Clesius, Cardinalis*, l'an
1520, qui estoit Evesque de cete
ville & natif de ce mesme lieu. C'estoit une ville libre & sous la charge
& empire de l'Evesque. Depuis
à une necessité de guerre contre
les Venitiens, ils apelarent le
Conte de Tirol à leurs secours, en
recompense de quoy il a retenu certene authorité & droit sur leur ville.
L'Evesque & luy contestent, mais
l'Evesque jouit, qui est pour le pre-
fant le Cardinal Madruccio. M. de
Montaigne disoit, » qu'il avoit re-
» merqué des Citoyens qui ont obligé
» les villes de leur naissance, en che-
» min, les Foulcres à Auguste (*b*),

(*a*) Des Automates à la Vaucanson
ou à la Richard.

(*b*) Ausbourg.

» auſquels eſt deu la pluſpart de l'am-
» belliſſemant de cete ville : car ils
» ont ramply de leurs Palais tous les
» carrefours , & les Egliſes de plu-
» ſieurs ouvrages , & *(a)* ce Cardinal
» Cleſius : car outre cete Egliſe &
» pluſieurs rues qu'il redreſſa à ſes
» deſpans , il fit un très beau bati-
» mant au chateau de la ville «. Ce
n'eſt pas au dehors grand choſe ,
mais au dedans c'eſt le mieus meublé
& peint & enrichi & plus logeable
qu'il eſt poſſible de voir. Tous les
lambris dans le fons ont force riches
peintures & deviſes ; la *boſſe* fort
dorée & labourée ; le planchier de
certene terre , durcie & peinte come
mabre *(b)* , en partie accommodé à
noſtre mode , en partie à l'Allemande , avec des poiles. Il y en a un entr'autres faict de terre brunie en
airein , faict à pluſieurs grands per-

(*a*) *Et*, c'eſt-à-dire, ainſi que.
(*b*) En Stuc ou Marbre factice.

fonnages , qui reçoivent le feu en leurs mambres, & un ou deus d'iceus près d'un mur , rendent l'eau qui vient de la fontene de la court fort baffe audeffous : c'eft une belle piece. Nous y vifmes auffi , parmy les autres peintures du planchier , un triomphe nocturne aus flambeaus (a) , que M. de Montaigne admira fort. Il y a deux ou trois chambres rondes; en l'une, il y a un infcription (b) , que » ce Clefius , l'an 1530 , etant envoyé » au coronnemant de l'Empereur » Charles V. qui fut faict par le Pape » Clemant VII , le jour de St. Ma- » thias , Ambaffadur de la part de » Ferdinand , Roy de Hongrie & » Boëme , Conte de Tirol , frere du- » dit Empereur , lui eftant Evefque » de Trante , il fut faict Cardinal «;

____

(a) Vraifemblablement une Orgie , ou Fête de nuit de cette efpece.
(b) Portant.

& a faict mettre autour de la Chambre & pendre contre le mur, les armes & les noms des Jantilshomes qui l'accompagnarent à ce voïage, environ cinquante, tous vaſſaus de cet Eveſché, & Contes ou Barons. Il y a auſſi une trappe en l'une des *dites* chambres, par où il pouvoit ſe couler en la ville, ſans ſes portes. Il y a auſſi deux riches cheminées. C'étoit un bon Cardinal. Les Foulcres ont bâti, mais pour le ſervice de leur poſtérité; cetui ci pour le public : car il y a laiſſé ce chateau meublé de mieux de çant mille eſcus de meubles, qui y ſont encore, aus Eveſques ſucceſſeurs; & en la bourſe publicque des Eveſques ſuivans, çant cinquante mille talars (*a*) en arjant contant, de quoy jouiſſent ſans in-

---

(*a*) Ou *Dalers*, monnoye d'argent d'Allemagne. Le daler a maintenant à-peu-près la valeur de l'écu de France; mais

tereſt du principal ; & ſi ont laiſſé ſon Egliſe Noſtre-Dame imparfaicte, & lui aſſés chetifvemant enterré. Il y a entr'autres choſes pluſieurs tableaus au naturel a forcé Cartes. Les Eveſques ſuivans ne ſe ſervent d'autres meubles en ce chateau, & y en a pour les deus ſeſons d'hiver & d'eſté, & ne ſe peuvent aliener. Nous ſomes aſture *(a)* aux milles d'Italie, deſquels cinq mille reviennent à un mille d'Allemaigne ; & on conte vingt-quatre heures faict, partout, ſans les mi partir *(b)*. Nous logeames à *la Roſe*, bon logis. Nous partimes de Trante, ſamedy après diſner, & ſuivimes un pareil chemin dans cete vallée eſlargie & flanquée de hautes

---

celle du tems de Montaigne étoit ſûrement différente.

(*a*) A cette heure.

(*b*) Ceci mérite une explication, & c'eſt M. *de la Lande*, de l'Académie des

montaignes

montaignes inhabitées, aiant ladite
riviere d'Adiſſe (*a*) à notre mein
droite. Nous y paſſames un Chateau de l'Archiduc, qui couvre le
chemin, come nous avons trouvé
ailleurs pluſieurs pareilles clotures

Sciences, qui nous la fournira; la matiere eſt bien du reſſort d'un aſtronome,
qui de plus a voyagé dans le pays. Voici
ce qu'on lit dans la Préface du *Voyage
d'un François en Italie, dans les années
1765 & 1766,* Ouvrage de M. de la
Lande. » Les Italiens comptent vingt-
» quatre heures de ſuite, depuis un ſoir
» juſqu'à l'autre. La vingt-quatrieme
» heure ſonne une demi-heure après le
» coucher du ſoleil, c'eſt-à-dire, à la
» nuit tombante, & lorſqu'on commen-
» ce à ne pouvoir lire qu'avec peine. Si
» la nuit dure dix heures & le jour qua-
» torze, on dit que le ſoleil ſe leve à
» dix heures, & qu'il eſt midi à dix-
» ſept heures.

(*a*) D'Adige.

Tome I.   I

qui tiennent les chemins ſujeċts & fermés ; & arrivames , qu'il eſtoit desja fort tard , (& n'avions encore juſques lors taſté de ſerein , tant nous conduiſions regléement notre voïage) à

ROVERE, quinze milles. Ville apertenant audiċt Archiduc. Nous retrouvames là , quant au logis, nos formes, & y trouvames à dire , non-ſeulemant la neteté des chambres & meubles d'Allemaigne & leurs vitres, mais encore leurs poiles ; à quoy M. de Montaigne trouvoit beaucoup plus d'aiſance qu'aus cheminées. Quant aus vivres , les eſcreviſſes nous y faillirent ; ce que M. de Montaigne remerquoit , pour grand' merveille , leur en avoir eſté ſervi tous les repas, depuis Plommieres , & près de deux çans lieues de païs. Ils mangent là, & le long de ces montaignes , fort ordinairemant des escargots (a) beau-

____

(a) C'eſt une eſpece de gros limas ou

coup plus grands & gras qu'en France, & non de fi bon gouſt. Ils y
mangent auſſi des truffes qu'ils pelent,
& puis les metent à petites leches à
l'huile & au vinaigre, qui ne ſont
pas mauvaiſes. A Trante on en ſervit qui eſtoint gardées un an. De
nouveau, & pour le gouſt de M.
de Montaigne, nous y trouvames
force oranges, citrons, & olives.
Aus licts, des rideaus découpés, ſoit
de toileｊou de cadis, à grandes ban-
des, & ratachés de louin à louin (a).
M. de Montaigne regrettoit auſſi ces
licts qui ſe mettent pour couverture
en Allemaigne (b). Ce ne ſont pas
licts tels que les notres, mais de
duvet fort délicat, enfermé dans de

---

limaçon, on en mange en Bourgogne,
& ſur-tout dans le Morvant. Mauvaiſe
nourriture !

(a) C'eſt-à-dire, feſtonés.

(b) Et qu'il a déja nommé *Coites.*

la futene bien blanche, aus bons
logis. Ceus de deſſous en Allemaigne meſme, ne ſont pas de cete façon, & ne s'en peut-on ſervir à
couverture ſans incommodité. Je
croy à la vérité que, s'il eut été ſul
avec les ſiens, il fût allé pluſtot à
Cracovie ou vers la Grèce par terre,
que de prendre le tour vers l'Italie;
mais le pleſir qu'il prenoit à viſiter
les païs inconnus, lequel il trouvoit
ſi dous que d'en oublier la foibleſſe
de ſon eage & de ſa ſanté, il ne le
pouvoit imprimer à nul de la troupe, chacun ne demandant que la
retrete. Là, où il avoit accoutumé de
dire, qu'après avoir paſſé une nuict
inquiette, quand au matin il venoit
à ſe ſouvenir qu'il avoit à voir une ville
ou une nouvelle contrée, il ſe levoit
avec deſir & allegreſſe. Je ne le vis
jamais moins las ny moins ſe plein-
gnant de ſes doleurs, ayant l'eſperit,
& par chemin & en logis, ſi tandu

à ce qu'il rancontroit, & recher-
chant toutes occafions d'entretenir
les Etrangiers, que je crois que cela
amufoit fon mal. Quand on fe plein-
gnoit à luy de ce que il conduifoit
fouvent la troupe par chemins divers
& contrées, revenant fouvent bien
près d'où il étoit party (ce qu'il
faifoit, ou recevant l'advertiffemant
de quelque chofe digne de voir, ou
chanjant d'avis felon les occafions,)
il refpondoit, qu'il n'aloit, quant à
luy, en nul lieu que là où il fe trouvoit, & qu'il ne pouvoit faillir ny
tordre fa voïe, n'aïant nul projeɔt
que de fe promener par des lieus
inconnus; &, pourveu qu'on ne le
vit pas retumber fur mefme voïe,
& revoir deus fois mefme lieu, qu'il
ne faifoit nulle faute à fon deffein.
Et quant à Rome, où les autres vi-
foint, il la defiroit d'autant moins
voir, que les autres lieus, qu'elle
eftoit connue d'un chacun, & qu'il

n'avoit (*a*) laquais qui ne leur peut (*b*) dire nouvelles de Florence & de Ferrare. Il difoit auſſi qu'il lui ſambloit eſtre à-meſmes (*c*) ceus qui liſent quelque fort pleſant conte, d'où il leur prent creinte qu'il vieigne bientot à finir, ou un beau livre : lui de meſme prenoit ſi grand pleſir à voïager, qu'il haïſſoit le voiſinage du lieu où il ſe deût repoſer, & propoſoit pluſieurs deſſeins de voïager à ſon éiſe, s'il pouvoit ſe randre ſeul. Le dimenche au matin, aïant envie de reconnoitre le lac de Garde, qui eſt fameus en ce païs là, & d'où il vient fort excellant poiſſon, il loua trois chevaus pour lui & les ſeigneurs de Caſelis & de Mattecoulon, à vingt B. (*d*) la piece;

(*a*) Qu'il n'y avoit.

(*b*) Peuſt, pût.

(*c*) Comme ceux, &c.

(*d*) Bats.

& M. d'Estissac en loua deus autres
pour lui , & le Sr. du Hautoy (*a*):
& sans aucun serviteur , laissant leurs
chevaus en ce logis (à Rovere) pour
ce jour , ils s'en alarent disner à

TORBOLÉ , huict milles. Petit
village de la jurisdiction de Tirol. Il
est assis à la teste de ce grand lac ;
à l'autre costé de cete teste , il y a
une villette & un chasteau , nomé
la Riva , là où ils se firent porter

(*a*) On voit ici la compagnie de Montaigne augmentée de deux maîtres ; mais
il y a bien de l'apparence qu'ils étoient
partis tous ensemble. Le premier feuillet
du manuscrit qui manque , nous auroit
peut être donné quelques lumieres sur la
personne de M de Caselis. On verra plus
bas ce M. de Caselis les quitter à Padoue.
Quant à M. du-Hautoi , c'étoit un Gentilhomme Lorrain d'une famille distin-
guée , qui subsiste encore. *Voyez* la Généa-
logie de la maison du Chatelet , & le
Nobiliaire de Lorraine.

fur le lac, qui eſt cinq milles aler & autant à revenir, & firent ce chemin avec cinq tireux, en trois heures ou environ. Ils ne virent rien audit la Riva, que une tour qui ſamble eſtre fort antienne, &, par rancontre, le ſeigneur du lieu, qui eſt le ſeigneur Hortimato Madruccio, frere du Cardinal, pour cet heure, Eveſque de Trante. Le proſpect du lac contre bas, eſt infini; car il a trente cinq milles de long. La largeur & tout ce qu'ils en pouvoint decouvrir, n'eſtoit que deſdits cinq milles. Cete teſte eſt au conté de Tirol, mais tout le bas d'une part & d'autre, à la ſeigneurie de Veniſe, où il y a force beles Egliſes & tout plein de beaus parcs d'oliviers, orangiers, & autres tels fruitiers. C'eſt un lac ſuject à une extreme & furieuſe agitation, quand il y a orage. L'environ du lac, ce ſont montaignes plus rechignées & ſeches que nulles autres du chemin que nous eussions veues, à ce que lesdits sieurs raportoint ; & qu'au partir de Rovere, ils avoint passé la riviere d'Adisse (*a*), & laissé à mein gauche le chemin de Verone, & etoint antrés en un fons où ils avoint trouvé un fort long village & une petite vilette ; que c'estoit le plus aspre chemin qu'ils eussent veu, & le prospect le plus farouche, à cause de ces montaignes qui ampeschoint ce chemin. Au partir de Torbolé, revindrent souper à

ROVERE, huict milles. Là, ils mirent leurs bahus sur de ces *Zatte* (*b*), qu'on appelloit flottes en Allemaigne, pour les conduire à Verone sur laditte riviere d'Adisse, pour un fleurin ; & j'eus la charge landemein de cette conduite. On nous y servit à

(*a*) D'Adige.
(*b*) Radeaux.

I v

foupper des œufs pochés pour le premier fervice, & un brochet, parmy
grand foifon de toute efpece de cher.
Landemein, qui fut lundy matin,
ils en partirent grand matin; & fuivant cete valée affés peuplée, mais
guieres fertile & flanquée de hauts
monts efceuilleus (*a*) & fecs, ils
vindrent difner à

BOURGUET, quinze milles.
Qui eft encore du conté de Tirol:
ce conté eft fort grand. A ce conte (*b*),
M. de Montaigne s'informant fi c'eftoit autre chofe que cete valée que
nous avions paffée, & le haut des
montaignes qui s'eftoint prefantées à
nous: il lui fut refpondu, qu'il y
avoit plufieurs tels entredeus de montaignes aufli grands & fertiles & autres belles villes, & que c'eftoit com-
m'une robe que nous ne voyons

(*a*) Remplis de précipices.
(*b*) Compte.

que plissée ; mais que si elle estoit
epandue, ce seroit un fort grand païs
que le Tirol. Nous avions tous-iours
la riviere à nostre mein droite. Delà, partant après disner, suivimes
mesme sorte de chemin jusques à
Chiusa, qui est un petit fort que les
Venitiens ont gaigné, dans le creus d'un
rocher sur cete riviere d'Adisse (*a*),
du long du quel nous descendismes
par une pente roide de roc massif,
où les chevaus assurent mal-ayséemant
leurs pas, & au travers dudict fort
où l'estat de Venise, dans la jurisdiction duquel nous etions antrés,
un ou deux milles après estre sortis
du Bourguet, entretient vingt cinq
soldats. Ils vindrent coucher à

VOLARNE, douze milles. Petit
village & miserable logis, come sont
tous ceus de ce chemin jusques à
Veronne. Là, du chateau du lieu,

(*a*) D'Adige.

une Damoiselle, fille, seur du seigneur absant, envoya du vin à M. de Montaigne. Lendemein matin ils perdirent du tout les montaignes à mein droite, & laissoint louin à coté de leur mein gauche, des collines qui s'entretenoint. Ils suivirent longtemps une plene sterile, & puis approchant de laditte riviere, un peu meilleure & fertile de vignes juchées sur des abres, come elles sont en ce païs là; & arrivarent le jour de Tousseints avant la messe à

VERONE, douze milles. Ville de la grandeur de Poitiers, & ayant einsin (*a*) une cloture (*b*) vaste sur ladite riviere d'Adisse (*c*) qui la traverse, & sur laquelle ell'a trois pons. Je m'y randis aussi avec mes bahus.

(*a*) De même.

(*b*) Un Quai.

(*c*) D'Adige.

Sans les boletes de la sanita (*a*), que ils avoint prinses à Trante, & confirmées à Rovere, ils ne fussent pas antrés en la ville, & si (*b*) n'estoit nul bruit de dangier de peste; mais c'est par coutume, ou pour friponner quelque quatrin qu'elles coutent. Nous fûmes voir le dome où il (*Montaigne*) trouvoit la contenance des homes etrange, un tel jour, à la grand messe; ils devisoint au chœur mesmes de l'Eglise, couverts, debout, le dos tourné vers l'Autel, & ne faisant contenance de panser au service que lors de l'elevation. Il y avoit des orgues & des violons qui les accompagnoint à la messe. Nous vismes aussi d'autres Eglises, où il n'y avoit rien de singulier, ny, entre autres choses, en ornemant & beauté des fames. Ils furent, entre au-

---

(*a*) Billets de santé.
(*b*) Et cependant.

tres, en l'Eglise Saint George, où
les Allemans ont force tesmoingnages d'y avoir esté, & plusieurs ecus-
sons. Il y a, entre autres, une inscription, *portant* que certeins Jantilshomes Allemans, aiant accompaigné l'Empereur Maximilian à prandre Verone sur les Venitians, ont
là mis je ne scay quel ouvrage sur
un Autel. Il (*Montaigne*) remerquoit
cela, que cete seigneurie meintient
en sa ville les tesmoingnages de ses
pertes ; come aussi elle meintient
en son entier les braves sepultures
des pauvres seigneurs de l'Escale (*a*).
Il est vray que nostre hoste du Che-
valet, qui est un très-bon logis, où
nous fûmes superfluemant tretés, où
vîmes au conte d'un quart plus qu'en
France (*b*), jouït pour sa race de

(*a*) Les *Scal gers* prétendoient en des-
cendre.

(*b*) C'est-à-dire, où nous vîmes au

l'une de ces tumbes. Nous y vîmes le Chasteau, où ils (*a*) furent conduits partout par le Lieutenant du Castelan (*b*). La seigneurie y entretient soixante soldats ; plus, à ce qu'on lui (*c*) dit là mesmes, contre ceus de la ville, que contre les etrangiers. Nous vismes aussi une relligion (*d*) de Moines, qui se noment Jésuates de Saint Jérosme. Ils ne sont pas Prestres ny ne disent la messe ou preschent, & sont la pluspart ignorans, & font etat d'être excellans distillateurs d'eaus nafes (*e*) & pareilles eaux, & là

---

compte de la dépense, que c'étoit plus chetement d'un quart, qu'en France.

(*a*) Montaigne & sa compagnie.

(*b*) C'est-à-dire, du Gouverneur, ou Commandant du Château.

(*c*) A Montaigne.

(*d*) Couvent, Monastere.

(*e*) Eau de naffe. C'est une liqueur faite avec de la fleur de Citron.

& ailleurs. Ils ſont vetus de blanc,
& petites berretes (*a*) blanches ,
une robe enfumée (*b*) par deſſus ;
force beaus jeunes hommes. Leur
Egliſe fort bien accommodée , &
leur refectoire, où leur table eſtoit
des ja couverte pour ſouper. Ils virent là certenes vieilles maſures
très antiennes du temps des Ro-
meins , qu'ils diſent avoir eſté un
amphitheatre (*c*) , & les rapriſent (*d*)
avec autres pieces qui ſe décou-
vrent audeſſous. Au retour delà ,
nous trouvames qu'ils nous avoint

(*a*) Barrettes , calottes , tocques. On
écrit auſſi *birette*. La barrette des Cardinaux eſt une des principales pieces de
leur trouſſeau.

(*b*) De brun foncé.

(*c*) Vraiſemblablement ils diſoient
mal ; car quelle apparence qu'il y eût
deux amphithéâtres à Vérone ! On va voir
le véritable.

(*d*) Les vantent beaucoup.

parfumé leurs cloitres & nous firent
antrer en un cabinet plein de fioles
& de vesseaus de terre , & nous y
parfumarent. Ce que nous y vismes
de plus beau & qu'il (*a*) disoit estre
le plus beau batimant qu'il eut veu
en sa vie , ce fut un lieu qu'ils appellent l'Arena (*b*). C'est un amphi-
téatre en ovale , qui se voit quasi
tout entier , tous les sieges , toutes
les votes (*c*) & circonferance ,
sauf la plus extreme de dehors :
somme qu'il y en a assez de reste
pour decouvrir au vif la forme &
service de ces batimans. La seigneurie (*d*) y fait employer quelques
amandes (*e*) des criminels , & en

(*a*) Montaigne.

(*b*) Le fameux amphitéâtre de Vérone,
dont *Scipion Maffei* a publié le plan,
gravé par ses soins.

(*c*) Voutes.

(*d*) De Venise.

(*e*) Amendes.

a refaict quelque lopin ; mais c'eſt bien louin de ce qu'il faudroit à la remettre en ſon antier, & doute fort que toute la ville vaille ce rabillage (*a*). Il eſt en forme ovale ; il a quarante trois degrés de rangs d'un pied ou plus de haut chacun, & environ ſix cens pas de rondeur en ſon haut (*b*). Les Jantilshomes du païs s'en ſervent encore pour y courre aus joutes & autres pleſirs publiques (*c*). Nous viſmes auſſi les Juifs, & il (*Montaigne*) fut en leur

---

(*a*) Ce rabillage a été fait. Le Théâtre eſt preſque entiérement découvert ; & c'eſt le plus bel ornement de Vérone.

(*b*) *Voyez* ſur ce beau monument, la *Deſcription hiſtorique de l'Italie*, de M. l'Abbé Richard, *tom.* 2, *pag.* 542, & *ſuiv. de la* 2ᵉ *édition*; & le *Voyage d'Italie*, de M. de la Lande, *tom.* 8, *pag.* 324.

(*c*) Publics.

Sinagogue & les entretint fort de
leurs ferimonies. Il y a des places
bien belles & beaus marchés. Du
chateau qui eft haut , nous decouvrions dans la pleine Mantoue qui
eft à vint milles à mein droite de
notre chemin. Ils n'ont pas faute
d'infcriptions ; car il n'y a rabillage
de petite goutiere , où ils ne facent
mettre , & en la ville & fur les
chemins, le nom du Podefta (*a*) ,
& de l'Artifan. Ils ont de commun
avec les Allemans qu'ils ont tous
des Armoiries , tant marchans qu'autres , & en Allemaigne , non les
villes fulemant , mais la plufpart des
Bourgs ont certenes armes propres.
Nous partimes de Verone , & vifmes, en fortant , l'Eglife de Nôtre-
Dame des miracles , qui eft fameufe

(*a*) Podeftat , premier Magiftrat de robe
& d'épée , dans les villes de l'État de Ve-
nife.

de plulieurs accidens étranges , en
conlidération delquels on la rebaſtit
de neuf , d'une très-belle figure ronde. Les clochiers de là , font cou-
vers (*a*) en plulieurs lieus de bri-
que couchée de travers. Nous paſſames une longue pleine de diverſe
façon , tantoſt fertile , tantoſt autre ,
ayant les montaignes bien louin à
noſtre mein gauche , & aucunes à
dtoite , & vinſmes , d'une trete ,
ſouper à

VINCENZA , (*b*) trante milles.
C'eſt une grande ville , un peu moins
que Verone , où il y a tout plein de
palais de nobleſſe. Nous y viſmes
lendemein pluſieurs Egliſes , & la
foire qui y eſtoit lors , en une grande place , pluſieurs boutiques qui ſe
batiſſent de bois ſur le champ pour
cet effect. Nous y viſmes auſſi des

(*a*) Bâtis, maçonnés.

(*b*) Vicence.

Jesuates qui y ont un beau Monastere, & vismes leur boutique d'eaus,
de quoy ils font boutique & vente
publicque, & en eusmes deus (*a*)
de senteur pour un escu : car ils en
font des medecinales pour toutes
maladies. Leur fondateur est P. Urb.
S. Jan Colombini, Jantilhome Sie-
nois, qui le fonda l'an 1367. Le
Cardinal de Pelneo est pour cette
heure leur protecteur. Ils n'ont des
Monasteres qu'en Italie, & y en ont
trante. Ils ont une très-belle habitation. Ils se foitent (*b*), disent-ils,
tous les jours : chacun a ses chenettes
en sa place de leur Oratoire, où ils
prient Dieu sans vois (*c*), & y
font ensamble à certenes heures. Les
vins vieus failloint déja lors, qui
me metoit en peine à cause de sa

(*a*) Fioles.
(*b*) Fouettent.
(*c*) Sans chanter.

colique (*de Montaigne*) , de boire ces vins troubles , autremant bons toutefois. Ceus d'Allemaigne se faisoint regretter , quoiqu'ils soint pour la pluspart aromatisés , & ayent diverses santeurs qu'ils prennent à friandise , mesmes de la sauge , & l'apelent vin de sauge , qui n'est pas mauvais , quand on y est accoutumé; car il est au demûrant bon & genereus. Delà nous partimes Jûdy après disner , & par un chemin très-uni , large , droit , fossoyé de deus pars , & un peu relevé, aïant de toutes pars un terroir très-fertile , les montaignes come de coutume, de louin à nostre veue , vinsmes coucher à *Padoue*.

Fin du Tome premier.